知识生产的原创基地
BASE FOR ORIGINAL CREATIVE CONTENT

颉腾商业
JIE TENG BUSINESS

实践
让创意涌现

The
Practice

Shipping
Creative Work

［美］赛斯·高汀（Seth Godin）————— 著

滕可 ————— 译

中国广播影视出版社

图书在版编目（CIP）数据

实践：让创意涌现 /（美）赛斯·高汀著；滕可译. -- 北京：中国广播影视出版社，2022.9
书名原文：The Practice:Shipping Creative Work
ISBN 978-7-5043-8888-9

Ⅰ. ①实… Ⅱ. ①赛… ②滕… Ⅲ. ①创意 Ⅳ. ①J0-02

中国版本图书馆CIP数据核字(2022)第135032号

本书版权登记号：图字 01-2022-2880
Title: The practice: shipping creative work, by Seth Godin
Copyright © 2020 by Do You Zoom, Inc.
Cover photo by Brian Bloom
All rights reserved including the right of reproduction in whole or in part in any form.
This edition published by arrangement with Portfolio, an imprint of Penguin Publishing Group, a division of Penguin Random House LLC, arranged with Andrew Nurnberg Associates International Limited.
Simplified Chinese edition copyright © 2022 by Beijing Jie Teng Culture Media Co., Ltd.

实践：让创意涌现
【美】赛斯·高汀著
滕可 译

策　　划	颉腾文化	
责任编辑	刘雨桥	
责任校对	张　哲	

出版发行	中国广播影视出版社
电　　话	010-86093580　010-86093583
社　　址	北京市西城区真武庙二条9号
邮　　编	100045
网　　址	www.crtp.com.cn
电子信箱	crtp8@sina.com

经　　销	全国各地新华书店
印　　刷	北京市荣盛彩色印刷有限公司

开　　本	880毫米×1230毫米　1/32
字　　数	170（千）字
印　　张	8.25
版　　次	2022年9月第1版　2022年9月第1次印刷

书　　号	ISBN 978-7-5043-8888-9
定　　价	59.00元

（版权所有 翻印必究·印装有误 负责调换）

在创意舞台上施展魔法,
首先要知道"魔法"并不存在。

天才是独树一帜。
——赛隆尼斯·蒙克
（Thelonious Monk，爵士乐大师）

真相中的真相，事实中的事实。
——史蒂文·帕里斯菲尔德
（Steven Pressfield，畅销书作者）

目录

第一章
信任你的自我

1. 开启无限可能 /04
2. 模式与实践 /04
3. 你在寻求吗？ /07
4. 钩子上的面包 /08
5. 找到实践法门 /09
6. 抛接球 /11
7. 如何画一只猫头鹰 /13
8. 创造需要勇气吗？ /14
9. 创新是一门艺术 /15
10. 你或许可以创造艺术 /16
11. 创意不是感觉，是行动 /17
12. 展望（和选择）/17
13. 心流状态①是一种征兆 /18
14. 轮到你畅所欲言了 /19
15. 找到热情之源 /20
16. 过程和结果 /21
17. 世上最糟糕的老板 /23
18. 你已经足够好 /24
19. 题外话：决定 /24
20. 为他人服务 /26
21. 工作和保证 /26
22. 我觉得自己是个骗子 /27
23. "骗子综合征"真实存在 /28
24. 从脚下开始启程 /29
25. 你是谁（你做了什么）/30
26. 你扔掉的画稿堆了多高 /31
27. 大卫·格鲁（Dave Grohl）的母亲 /32
28. 让自我认知成为日常 /32
29. "目前为止"和"尚未达成" /34
30. 为魔术正名 /34
31. 信任、自我认知和实践 /35
32. 飞蝇钓鱼法 /36
33. 意图之贫乏 /37
34. 实践是不懈追求 /38

第二章
慷慨

35. 你有权保持沉默 /43
36. 放宽视野 /44
37. 为自己发声是什么感受 /44
38. 藏而不露会让你自食恶果 /45
39. 二十美分和一只足球 /46
40. 毕达哥拉斯和第五只锤子 /47
41. 你上一次尝试新事物是何时？/49
42. 乘风航行 /50
43. 不适感也是一种服务 /50
44. 多样性与问题解决 /52
45. 布莱德利·库珀得了感冒 /53
46. "看，我做到了这件事！"/54
47. 创变者就是领军人物 /54
48. 无处藏身 /55
49. 说"不"的最佳理由 /56
50. 保证是徒劳的 /59
51. 落后于人的恐惧 /60
52. 自信是相对的 /60
53. 阻力是真实存在的 /61
54. 锁匠引发的思考 /62
55. 一枚硬币的慷慨 /64
56. 拥抱（尚未）/64
57. 犬儒主义是一种防御机制 /65
58. 实用的共情能力 /66
59. 电视行业为"某些人"而生 /67
60. 避开不信任你的人 /68
61. 可能你要更努力 /70
62. 可能你在尝试一心二用 /71
63. 售出 3000 台手机 /71
64. 质量的三种定义 /72
65. "好"的四个类型 /74
66. 一个疑惑：流行的就是好的吗 /76
67. 销售不是易事 /77
68. 销售其实其乐无穷 /78

69. 加入行列 /79

70. 你不合适 /80

71. 自私是选择 /82

72. 执迷于结果 /82

73. 执迷是选择 /83

74. 变成"为了"就好,很简单 /84

75. 两项义务 /85

76. 艺术的慷慨 /86

77. 敢问"为什么"的你很勇敢 /87

78. 如果知道自己注定失败,你会怎么做? /88

79. 朋克的实践 /89

80. 选择奔赴 /90

第三章

专业人士

81. 救生员也不确定 /95

82. 是的,你就是那个救生员 /96

83. 忧虑 /97

84. 自行车引发的问题 /98

85. 要不要承担责任 /99

86. 技术和天赋不可画等号 /100

87. 你能腾出一个小时吗? /101

88. 请不要成为哈克 /102

89. 这不是悖论 /104

90. 不要成为哈克一族 /105

91. 慷慨不等于无偿分享 /106

92. 寻找同行者 /106

93. 与众不同 /107

94. 选择客户,选择未来 /108

95. 伟大的建筑师在哪里? /110

96. 优质客户的魔法 /111

第四章
意图

97. 意图很重要 /115

98. 有意图的行动就是明确设计目的 /115

99. 有意图的行动离不开共情力 /116

100. 你的共情力有多强？/117

101. 为谁而工作 /117

102. 你可以影响哪些人 /118

103. 你不可能影响每一个人 /119

104. 请进一步明确你的服务对象 /119

105. 为谁而工作 /120

106. 服务于工作 /122

107. 部分人，不是所有人 /123

108. 跨越经济界限 /123

109. 下一个问题：为什么工作 /125

110. 工程师知道的事 /126

111. 简单的例子：接待员 /127

112. 欢迎来到绿色磨坊 /129

113. 举六个简单例子来说明问题 /130

114. 文字处理器是否应该设置保存按钮 /131

115. 等等，舞蹈表演这样的艺术类工作也一样吗？/132

116. 无止境的情感索取 /133

117. 恐惧与缪斯；作品与服务 /135

118. 直面矛盾 /136

119. 潜意识的事先过滤 /136

120. 明确工作目的 /137

121. 带着意图，保持设计优先心态 /137

122. 为了什么而工作 /138

123. 孩子们无法理解的问题 /139

124. 为什么要这么做呢？/139

125. 真实是一个陷阱 /140

126. 始终如一才能开拓前路 /141

127. 真相中的真相 /142

128. 有意图的行动有几个简单要素 /143

第五章
创作瓶颈只是借口

129. 资格证是拦路虎 /147
130. 名牌大学的诅咒 /148
131. 但这真是一个绝好借口 /149
132. 任何借口都如此 /149
133. 冒牌专家 /150
134. 史蒂夫·鲍尔默（Steve Ballmer）太在意对错 /151
135. 维持现状无可厚非 /152
136. 作家的创作瓶颈 /153
137. 寻求确定性是瓶颈产生的主要原因 /154
138. 被高估的"完美" /154
139. 艾瑞莎的钱包 /157
140. 固定观念有用吗？ /158
141. 不受瓶颈困扰的建筑师 /159
142. 无限的游戏 /159
143. 马拉松是一场无限的比赛 /160
144. 感到疲惫该怎么办？ /161
145. 即兴喜剧教会我们说"好的，那么……" /162
146. "好的，那么……"就已足够 /163
147. 起锚 /164
148. 热心的批评者 /165
149. 对热心的批评者说些什么 /166
150. 狭隘的批评者 /166
151. 山姆·雷米（Sam Raimi）和对嘘声的恐惧 /167
152. 1000名真粉丝创造的可能性 /168
153. 沉没成本与实践 /169
154. 沉没成本和自我防卫 /170
155. 免费建议：注意这45种情况 /171
156. 选择脆弱性 /173

157. 阿比·莱恩（Abbey Ryan）、艾萨克·阿西莫夫（Isaac Asimov）还有打字的力量 /174

158. 写作，直到你不再害怕写作为止 /175

159. 稀缺性和创造性 /175

160. 魔鬼的本质 /176

161. 挑水砍柴 /177

162. 餐前准备本身就是回报 /178

163. 但是要怎么看待缪斯女神呢？ /179

164. 寻找"必要难度" /180

165. 击球训练 /181

166. 耐克广告语中的错误 /182

167. 不需要更多好点子了，你需要更多坏点子 /182

168. 你能做到的最小突破 /184

169. 去野外 /184

170. "怎么做到更好"与"怎么做"不一样 /185

171. 告诉自己创造没什么大不了 /186

172. 怎样才算"好" /187

173. 怀揣完美想法 /188

174. 亚历山大的专业例外论（其结果：创造者的失败论调） /188

175. 找到流派，而不流于一般 /191

176. 从流派开始转变 /192

177. 怎样才能与众不同？ /193

178. 请承担责任 /194

179. 欧内斯特·海明威和你脑海中的小说 /195

180. 开会可能有帮助，但很可能毫无用处 /196

181. 创造者的建议和诀窍综述 /197

第六章
提出主张

182. 提出主张不是寻求保证 /201
183. 阿曼达·西奥多西娅·琼斯（Amanda Theodosia Jones）让更多人听见她的声音 /202
184. 自大狂 vs 自我力量 /202
185. 主张不是固定答案，主张是多样的 /203
186. 蜂鸣器管理 /204
187. 有意图的行动需要提出主张 /204
188. 主张是多样的 /205
189. 提出后续问题 /205
190. 秘密行动 /206

第七章
习得技能

191. 关于能力提升的真相 /211
192. 找到同行者 /213
193. 多少年才算多？/214
194. 没人能成为超人 /215
195. 获得超能力需要全身心投入 /216
196. 伟大的人要学会忽视 /217
197. 成为世界上最好的 /217
198. 习得技能 /218
199. 你能让人们喜欢上印度食物吗？/220
200. 领域知识：你阅读了吗 /221
201. 好品位从何而来？/222
202. 知识是获得技能的捷径 /223
203. 找到自己的色彩 /224

第八章
寻找制约因素

204. 制约因素为艺术创造可能性 /229
205. 图标界的偶像 /230
206. 曼陀林在哪里？ /230
207. 回旋余地 /231
208. 你无法打破固有思维 /232
209. 巨蟒找到了圣杯 /232
210. 苏珊・罗滕伯格
（Susan Rothenberg）
画的马 /233
211. 人们最爱提到的制约因素 /234
212. 改变世界不是改变一切 /235
213. 傲慢扼杀梦想 /235
214. 月球被尘埃覆盖住了 /236
215. 相信过程 /237
216. 实践的要素 /238
217. 你不是掌舵人，但你可以掌控自己的人生 /239
218. 每周二的人类学系会议室 /240
219. 探索空间 /241

创意从何而来 /243
如果明天可以让一切重来，你愿意吗？ /245
不灭的力量 /246
致谢 /248

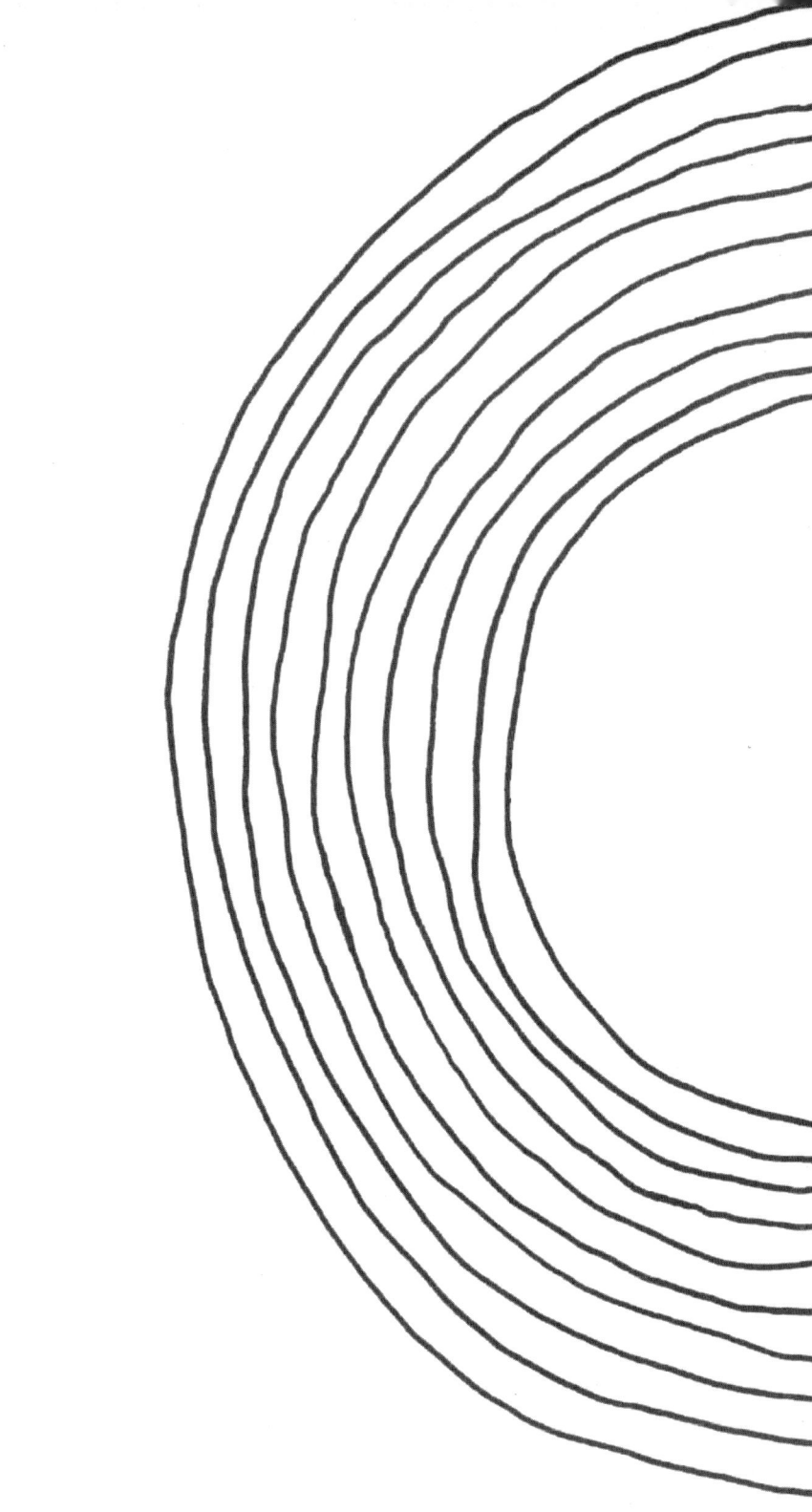

第一章

信任你的自我

去传递。不传递、不分享，便等于不存在。

去创造。你不是体系中不起眼的小齿轮，你有能力去创造、去答疑解难，你会是一位集思广益的领导者，能开拓未知的道路，让世界更美好。

去工作。工作不是兴趣。也许你暂时得不到报酬，但至少你在努力的同时展现出了职业精神。别指望缪斯女神给你灵感，别去找借口，工作才是你存在的意义。

周遭的嘈杂可能会让你迷失方向，但关于创意有一个不争的事实：创意来自渴望。

——渴望发现未知的真理、渴望解开悬而未决的疑问，或者渴望为他人服务。要创造就必须去做选择，创意不是灵光乍现。

人人都可以实践——为了更好的明天而实践，投身创造的过程。实践不是为了得到成果，实践本身就是丰厚回报，因为只有实践才是可控的。

实践需要我们全身心投入，专注于过程。通过实践，我们了解到创意不会凭空出现，无论你是兴致勃勃还是兴味索然，只要行动起来，创意自在其中。

雕塑家伊丽莎白·金（Elizabeth King）曾有妙语："意图固然贫乏，可知救赎之道就在创作过程中。"

玩抛接球，画猫头鹰。去改善现状，别去想这次尝试能否成功。实践是引领你抵达目的地的最好方法。当你全神贯注时，你的潜能自然会被激发，前人给予的支持和善意也会因此发光发热。

1. 开启无限可能

谨以此书献给未来的领导者、作家、歌手。

献给孜孜不倦投身教育、改革创新、答疑解难的人。

献给愿意踏上一段旅程,成为理疗师、画家、领导者的人。

献给我们、你们。

没有什么是不可能的。前人已经敢于发声,敢于通过行动让世界有所改变。每个人要走的路都是独一无二的,但都有模式可循——一旦你找到了,它就是你独有的。

我们要做的,不过是找到能激发更多创意的勇气。一直以来,掣肘我们的那些阻力总是难寻踪迹,但我们总有能力拨云见日,开启征程。

只要愿意行动,实践之门就会开启。实践的力量会引领我们,让我们做出一番事业,改变世界。

2. 模式与实践

我们都生活在模式之中。

很久以来,大多数人都生活在模式之中,即自然而然选择服从,选择一切便利，想在这个被少数人掌控的世界里找到自己的定位。

在工业经济中，这种模式是必需的。它一方面刺激我们消费，另一方面敦促我们服从。我们信赖这个体系，信任给我们工作的人，只要我们愿意照着他们指引的路走下去，就能得到想要的。从小我们就被灌输思想要投身其中，接受这种模式。

道理很简单：只要按部就班，体系就能兑现你心之所想。当然也会遇到困难，不过只要付出努力，几乎人人都能做到。

为了保证走的路是正确的，我们目不斜视，专注于目标。同样，给我们灌输思想的工业体系也在确认我们是否专注于目标，以证明我们走的就是它铺好的路。

如果你真的在乎成果，而且在预期时间内达成目标就能得到真实报酬，那么重视结果的这种想法无可非议。但万一你的世界改变了呢？

要是给你的承诺突然无法兑现，你的工作任务也不再像原来一样那么令你感兴趣，这时候，你便能明显看出这种工作模式的漏洞：你投入了身心只为得到报酬，但事实一反常态，报酬并没有如约而至。

我们真正想做的、有意义的工作，是无法按部就班的。我们要创造不同的模式。

实践之门是打开的——不是短时间内找个替代品，也不是付出就有回报，而是去行动。实践是循序渐进的过程，我们为了实践而实践，不是为了得到回报而实践。

做好一道菜，其秘诀也简单明了：食材优质、准备充分、注重细节、掌控火候。仅此而已，只要一步步按顺序来就行。但要我们在没有经验的情况下去创造，可就没这么直截了当了，这不是照本宣科就能做到的。

开展新的实践需要领导力和创造力——这不是人人都有的；即使有，也不代表就能促成什么结果，但值得追求。人们通常称其为"艺术"。

工业体系注重的是成果。只要雇用墨守成规、服从指挥的劳动者，生产力就有保障。但只要选择去追寻自己的模式，等待我们的就是不一样的路。只有想要往好的方向改变的人，才会走这条路。

要走这条路，要有坚韧的意志、宽广的胸襟。表面上来看，这条路备受瞩目，但其实走这条路的人得不到任何保障，也得不到鲜花和掌声。

创意不会自我复制，也无法复制，否则就不叫创意了。但创意之路仍有模式可循，它让人成长，促进沟通，让人付出努力、鼓起勇气，让人在无私奉献和追求自我中无尽探索。作家、领导者、老师、画家身上都有这种创造力。创造力根植于现实社会，能引领我们抵达目的地。

在这条实践之路上，不会有上级下命令，不会有人对我们负责，我们只能信任自己。更重要的是——信任真实的自我。

《薄伽梵歌》①中有这样一句话："从事自己该做的事情，即

---

① 《薄伽梵歌》（*Bhagavad-Gita*），印度教的重要经典与古印度瑜伽典籍，收载在印度两大史诗之一《摩诃婆罗多》中。文中引用的句子出自第18章"结论——弃绝的完美境界"中第47条。——译者注

使做得不完美，也远胜过完美地依葫芦画瓢。"想想那些已经拥有自己话语权、能发挥自己影响力的人：他们走的路虽各不相同，但是他们的实践模式常有相似之处。

创造力围绕"信任"二字展开：信任自我不是件容易的事，自我常常埋藏在内心深处，和我们朝夕相处，具有独一无二的特质。

找到自己的创新模式、实践方式，你便可以展开一段奇妙之旅了。去施展你的魔法吧，人们现在正需要它。

3. 你在寻求吗？

是的，多数人都在寻求。

只要抱有足够热忱，我们就会不断去感受，去发挥影响力，去寻找改变世界的能力。我们会更加努力去寻求。

追随者不会去寻求，他们不过是跟随前人的步伐前进。他们会在考试时取得好成绩，听从他人的指令，一步一步按规定路线走。

相反，领导者会让事情朝好的方向发展，并为此付出心血，想办法站稳脚跟。领导者们在改变世界的同时，也能吸引大家的注意，赢得人们的尊重。

我们的文化，我们的世界，都是不断寻求得来的。越来越多的人开始加入不懈寻求的行列，在寻求之路上辛勤劳作，耕耘出一番事业。

我们可以将这个求索的过程称为"艺术"。艺术是行动不求回报，是慷慨分享，是做出改变。艺术是一种情感行为，是自我的，也是自主的，可以带来傲人的转变。

相比从前，人们现在可利用的资源越来越丰富，可供使用的工具多种多样，前进的道路千变万化，还有切实的契机让人们为之奋斗。

你和你的艺术都是不可或缺的。

记得提醒自己，问题的关键不是质疑"我能否创造艺术"，因为你已经在这么做了。

哪怕就一次，你也肯定表达过自己的想法，通过努力促成过某件事，或是说了些俏皮话引得朋友们发笑，甚至成功售完卡内基音乐厅的门票。

现在，不过是让你再一次创造艺术，但这次不太一样。

问题的关键在于：我是否有足够的热情再次创造艺术？

正如约翰·加德纳（John Gardner）在书中所说："只要人们愿意去行动，社会和组织的革新之轮便能滚滚向前。"

4. 钩子上的面包

Askıda ekmek（土耳其语）的意思是"钩子上的面包"，是土耳其的一句俗语。在土耳其的面包店购物时，你可以选择多付一条面包的钱，老板为你装好其他商品之后，会在钩子上挂上一条面包。

如果有需要帮助的人经过，他/她可以询问店家钩子上是否有面包？如果有，那么购买者便分享了面包，需要帮助的人也可以充饥。这种"提前支付惠及后来需要者"的理念，或许对构建人类社群也同样重要。

同样，如果你选择产出创意，那就是选择去答疑解惑。不仅是为自己，也是为后来看到你创意的人解决了难题。

把自己变成钩子上的面包，承担起一份责任，是一种慷慨之举，是将自己的见解、善意、诀窍和大家分享。你的创意传播得越广，对于能有幸体验到你创意的人来说便越有价值。

艺术是为了服务他人。

5. 找到实践法门

你是否崇拜创造力无穷的人？你是否崇拜那些总是去领导、去创造、去沟通的人？他们可能是舞者、唱片艺术家或民权律师。每个领域里都会有脱颖而出的人才，他们敢于在当下表达自己的想法，会主动制订下一步的计划。

下面的这些人就是如此：帕特里夏·巴伯（Patricia Barber，美国爵士歌手）、扎哈·哈迪德（Zaha Hadid，伊拉克裔英国建筑师）、乔尔·斯波尔斯基（Joel Spolsky，美国软件工程师）、萨拉·琼斯（Sarah Jones，美国女演员）、马友友（美籍华裔，著名大提琴演奏家）、汤姆·彼得斯（Tom Peters，美国顶级商业布道师、作家）、弗里达·卡罗（Frida Kahlo，墨西哥女画家）、班克西（Banksy，英国街头艺术家）、鲁斯·巴德·金斯伯格（Ruth Bader Ginsburg，美国历史上第二位女性大法官）、布莱恩·史蒂文森（Bryan Stevenson，美国律师、社会活动家）、利兹·杰克逊（Liz

Jackson,澳大利亚女记者)、西娜·吉尔茨(Simone Giertz,瑞典女发明家)、乔纳斯·索尔克(Jonas Salk,美国医学家)、穆罕默德·尤努斯(Muhammad Yunus,孟加拉国经济学家)、罗萨娜·卡什(Rosanne Cash,美国女歌手)、格蕾塔·通贝里(Greta Thunberg,瑞典青年社会活动家)、约翰·伍登(John Wooden,美国职业篮球运动员、教练员)和阿曼达·科夫曼(Amanda Coffman,辞职以向校董会争取合理待遇的美国教师)。他们中有的正活跃在自己的领域,有的已经与世长辞,有的声名显赫,有的名不见经传。这些创变者们活跃在社会的各个角落。

除了少数个例,这些艺术家们的职业生涯和工作历程几乎大同小异。他们取得的成就、所处的境遇、成长的时间点虽各不相同,但是他们无一例外都在实践。

和他们一样,我们也能去实践。

也许我们不该总是向人讨教工作的万能公式,也不该亦步亦趋,而是要亲自去了解世界到底是怎样运作的。

我们有能力去实践。由于渴望完美的成果,我们忽略了一些事实真相,它们可能会让我们大吃一惊。肯定有人告诉过你这些道理,但你从来没有真正听进去:

- 技术和天赋不可画等号。
- 过程好,结果可能也会好,但谁也没法保证。
- 完美主义对于完美毫无裨益。
- 寻求保证只是徒劳。

- 傲慢自大绝对无法赢得信任。
- 态度也是技能。
- 创作瓶颈不过是借口。
- 专业人士不会漫无目的地行动。
- 创造力也是领导力。
- 领导者是大骗子。
- 所有的批评都不同。
- 分享作品就是在发挥创造力。
- 好的品位也是一项技能。
- 热情是一种选择。

我们接受的教育教会我们如何在体系内高效率工作,我们必须顺从,必须按章办事。但在这本书里,我们会不断探寻类似上述的这些惊人的真相,它们会给我们当头一棒。面对这些事实,艺术家们也采取过回避的态度,甚至以此为耻,但这恰恰是因为它们奏效。这些真相颠覆了占据主导地位的权力架构,同时让我们向更好的方向发展,服务他人。

6. 抛接球

我教过数百人玩抛接球,要掌握这项技能,你只需要明白一个道理:关键不在"抓"球。

学不会的人再怎么教也不会,因为他们总是急着去抓下一个球。但只要你扑向一个球,就来不及抓下一个,当然也就失败了。

若开始时就只有一个球,就不用去"抓"了,只要简单地"抛""落""抛""落""抛""落"即可。用左手把球抛出去,就算抛 20 次,每次它都能准确落回我们手里。接着我们再用右手重复以上步骤。

我们要练习的是"抛"的方法。如果你"抛"得足够好,"抓"也就水到渠成了。

在我看来,抛接球最难的部分就是等待"落"的过程。把球抛出去之后,要在原地等待它落回手里实在是让人惶惶不安。人们内心深处总是渴望看到结果,对某些人来说,"落"的这一瞬间就是他们放弃的时刻,因为他们无法主动去忽略结果,无法忍受这种不安。

而对那些可以坚持练习的人来说,"抛"和"落"的过程很快便开始加速。可能只要 15 分钟,他们便可以用两个球来练习"抛""抛""落""落"。

再然后,"抛""抛""抓""抓"也毫不费力了。道理很简单,因为"抛"这个动作已经成了一种惯性,经过不断的练习成了定式,所以"抓"也就很轻松了。

之前的所有步骤到此告一段落。

下面就是最后一步,加上第三个球。

当然,这个方法并不总是成功,但效果是最好的。

工作也是同理,关键在于"抛"。只要"抛"得好,自然能"抓"得好。

7. 如何画一只猫头鹰

图 7-1 是一个经典的网络段子,来自一本古老的漫画教学书。

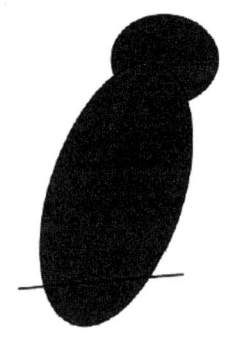 

第一步:画两个椭圆　　第二步:画一只猫头鹰
和一条直线

图 7-1

很明显,第一步和第二步之间缺了很多步骤,这个段子引人发笑的地方就在这里。所有人都知道如何画两个椭圆和一条直线,但谁也不知道如何画一只猫头鹰,至少我自己是毫无头绪。

人们总会因为不确信而痛苦,想要极力逃避这种感觉,这个段子就是将人们的这种心理放大了。本节的标题"如何画一只猫头鹰"看似是一种指导说明,但其实不过是个幌子而已,生活也是如此。

这种指导无法帮助我们完成重要的工作。要想在工作中收获成果,首先要知道没有体系能给你保障,没有人给你点亮前方道路,没有人确定付出就能有回报。

别总想着去"抓","抛"才是关键。不断开始新的挑战，不要故步自封；不断提升自己，别总想着追求完美。

光靠读说明书，没人能学会骑自行车。同样的，光靠这两步说明，没人能画出猫头鹰。

8. 创造需要勇气吗？

无论是在舞台上还是键盘后，人们总想成为领导者，说一句"没错，我做到了"。对某些人来说，站在聚光灯下接受众人评判的感觉会让他们喘不过气来，因为这样的领导者不过是在欺骗大家，却装作和大家打成一片的样子。

长此以往，人们渐渐不再追求创意，不再大方分享，不再主动解决问题。即使寻找创意，也是小心翼翼的，仿佛创意是不堪一击的魔术戏法，是缪斯赠予的礼物，得轻拿轻放。如果必须要产出创意，也总是想方设法在没人看见的地方进行，就连直视它都让人心生恐惧。

简直荒唐可笑。

事情本不必如此。不要在原地等待机会，别总是旁观，祈祷终有一日会受到命运的眷顾。当然，我们也不必相信有魔法能创造奇迹。

我们的前辈中，就有成功的创造者，其实我们可以效仿他们的工作方法。在职场上，我们要睁大双眼，相信实践的过程、相信自己，创造出最大的价值。

机会来临，该更上一层楼了。

创造力是选择题，选择权在你。别忘了，创意也是有感染力的。

9. 创新是一门艺术

创新不是给现成事物套上一层新衣，就像给房子刷漆。创新是一门艺术，艺术是明知可能行不通但还是去做，可能仅仅是因为想要慷慨分享。艺术将天赋、技术、工艺以及看待旧问题的新视角融为一体。艺术能让自我革新，让文化蜕变。

给房子刷漆的时候，你知道你的工作对象就是这栋房子。而艺术之路是没有既定答案的，但这条路值得你夙兴夜寐去奋斗。创造艺术的方式多种多样，有的人敲键盘，有的人拿画笔，有的人去行动——主要是去实践。我们将实践和工作融合，我们相信自己至少可以尝试改变世界。

没人给我们保障，我们只是选择去全心全意投身实践。

你是艺术家吗？当然是。

艺术家可以促成改变。即使没有收获，他们也会分享自己的天才想法。画纸前的人是艺术家，博物馆展品的背后是艺术家，但艺术家并不局限于这些地方。

若你自称是艺术家，那你就是。领导者、教练、撰稿人、设计师、音乐家、经理人……只要你潜心钻研，你的工作就是艺术。

米尔顿·格拉泽（Milton Glaser）是美国传奇设计师、插画家，他曾说过："艺术的一个特征就是自我任命：任何人只要自称是艺术家，他就可以是艺术家，但真正的艺术家寥若晨星。'艺术让世界更美好'，是每个专业领域的最高造诣。你要知道世界不是以你为中心，你该发挥你所能去服务他人，促进人与人之间的交往。理解这一点至关重要。"

是大胆表达自己的想法，还是继续漠视放任，选择权在你。

10. 你或许可以创造艺术

只要我们能创造新事物从而改变他人，我们的工作便可以称为艺术。

不改变，无艺术。

只要能将你最好的工作成果（至少是当下最好的）和他人分享，我们就有机会将其转变为艺术，接着再重复这个过程。

这个过程可以体现领导力，领导力和管理能力不同。这个过程不在乎今天能收获多少，只在乎今天你付出了多少。

你天生就有能力创造艺术。只不过总有人否定你，让你无法信任自己，总认为自己能力不足。

总有人告诉你，你没有天赋（这并无大碍，因为你可以通过学习技术来弥补）。

总有人告诉你，你没有资格站出来发表意见（现在你知道总有其他人敢于发声）。

总有人说你是失败者，说你甚至都不该去尝试（但现在你该知道过程才是关键）。

艺术就是慷慨分享，就是向更好的未来努力，就是行动而不求回报。

11. 创意不是感觉，是行动

玛丽·沙赫特（Marie Schacht）指出，人往往是无法左右自身感受的，在重要事情上尤其如此，但行动是可控的。

工作的重要性不言而喻，我们不能任由当下的心情影响工作进程。

换个角度来说，在行动的过程中，感觉也会随之改变。只要我们相信过程的力量，相信行动的力量。

等待感觉自己改变是奢望，我们没有时间可以挥霍。

12. 展望（和选择）

我的脑海中有关于自己未来的展望，你可能也有。展望指引着行动。

为了让展望成真，我们可能会历尽辛苦，走很长一段路。每个人的展望都有不同的初衷，有的出于优越感和天赋，有的则基于不公和特权。但通常情况下，我们在构想展望时会先放低期望，会不自觉地选择服从，会有意规避失败。

我们总是想按照别人规划好的路线走，因为这让我们感到轻松舒适，不必费心想别的法子。

每当遇到困难,便心想:"麻烦又来了。"接着给自己带上一张被害者面具,开始妄自菲薄,认为事情超出了自己的掌控范围。

每当我们认为好事轮不到自己,或者自己天分不足,就会千方百计去达成这种低期望下的愿景。我们很可能会打退堂鼓,再次徘徊在原地,傻傻等待机会找上门。

这其实是不进反退。

多数情况下,展望是受到某些因素影响的,可能是父母的培养方式,或者是一连串变故。举个简单例子,要是曾经被炉火烧伤,你可能连炉子旁边都不愿靠近。若是你成长的家庭对你抱的期望一直不高,你可能也会这么看待自己。由此可见,自我展望会指引行动。

要是你想改变,就要先从行动开始。只要我们选择了不同的行为模式,心灵便会自我调整以适应这种改变,行动也能保持一致。

请铭记,行动决定命运。

13. 心流状态[①]是一种征兆

相信大家都体验过心流状态(工作的最佳状态),一旦经历过,就总是渴望再次进入这种状态。

这就好比演员在舞台上入了戏,完全沉浸在角色里。周遭的

[①] "心流"这一概念是由心理学家米哈里·契克森米哈赖提出,他指出人们在心流状态下最为快乐,这是一种对正在进行的活动和所在情境的完全的投入和集中。是一种人们因为过于沉浸在一项活动中而忽略身边一切事物的状态。心流的概念与处于最佳状态的感觉一致。

干扰、旁白声、台下的嘈杂都渐渐消散。工作中也会有这样全身心投入的时候。

心流状态可能会出现在一次远足中,或者一次会议中。当我们在创造艺术的时候,经常会进入这种状态。

但对大多数人来说,心流状态总是可遇而不可求。

这可能是因为我们总是在等待它来临,等待被选择。我们总觉得这种状态需要天时地利人和,只要出现任何异样,机会便会如潮水般退去。

但为何不让这种状态变为常态呢?为何不去尝试主动选择呢?

为了进入心流状态,创造者们会主动寻找一些诱因。可以是物件,如一张白纸或钢琴键;也可以是行动,如在会议中发言。

当我们不再迫切地期盼它的到来,它反而会悄然而至。

归根结底,还是要信任你的自我,相信自己有能力去创造变化。别在心流到来后才开始行动,因为无论你是否进入这种状态,都要先行动起来。在行动的过程中,你会发现自己毫无预警地就进入了心流状态。

心流是进入工作状态的征兆,而非原因。

14. 轮到你畅所欲言了

前路漫漫,你会找到前进的方向,它会指引你做出改变。

我们知道方法,但方法不是固定不变的。

我们了解战略，但战略其实并不重要。

我们强调过程，但过程并不总是带来结果。

实践向我们敞开怀抱，实践才是最好的尝试。

当然，我们也要花时间学习成功的经验。观察我们周围有创造力的人，看他们是怎么畅所欲言、带领团队、创新创造的。如此反复，你自然会创造出自己的工作模式。这个模式会打破你的常识，并不保证会一帆风顺。

所以，从脚下开始出发。

去睁眼看世界，也去吸引别人的目光。

去侧耳聆听，也勇敢发出自己的声音。

天生我材必有用。

有时候，我们只顾着干得多，却顾不上干得好与不好。

但在职场上，干得好比干得多更重要。

15. 找到热情之源

"我该去哪儿寻找热情呢？"这个问题最常出现在我的播客（Akimbo）上，另外还有："要是我并不是很喜欢现在的工作，该怎么办？"

答案是只要你信任自我，你就能找到热情所在。人不会生来就对某件事抱有热忱，而且你会对很多事都产生兴趣。热情不会局限在某个特定领域内：热情是选择。

相信自己的能力而后去工作，这就是热情。

这是需要仔细剖析的，因为"等待命运召唤"只是一种逃避现实的好方法。

毕竟，谁会想在工作中吃尽苦头，还得不到回报？谁会愿意在知晓自己的使命之前就匆匆踏上奋斗的历程？

这个悖论就是：人们只有在辛苦付出后，才能发现自己的使命所在。只有相信过程的力量，过程才能转变为热情。

外行人才会说"爱一行干一行"。

专业人士的口头禅是"干一行爱一行"。

16. 过程和结果

我们的社会重结果轻过程。就拿水管工来说，他们不会因为工作努力得到好评，只有水管不再漏水才会。企业也一样，几乎没人会在意一家企业一直以来是如何对待员工的，只会关注每股股票能带来多少收益。

人们只会关注短期内成果如何，例如，判断一本书好不好，就看它在畅销书榜单上排名如何；一名歌手红不红，就看他在电视选秀上能否争得上游；一个青少年运动员优不优秀，就看其能否赢得奖牌。

痴迷于追求成果，往往会让人迷失自我，因为只有经历过程才有结果。相比三天打鱼，两天晒网，只有在过程中努力且反复多次，才能取得好的结果。

盲人摸象般只专注结果，往往会让我们在选择的时候墨守成规、急功近利、自私自利，让我们忘记要将目光放长远，一旦遭遇挫折就很容易轻言放弃。

创新不是一蹴而就的，也不只是在完成一项项任务，而是需要在过程中不断付出心血。出于某种理由，我们选择了目前的工作，但如果我们给这份工作设置了条条框框，只关注眼前成果，最终会一无所获。

天天想着中彩票，被幸运之神眷顾，这样的想法是行不通的，通往成功的唯一方法就是专注于过程和实践。

"反复"也是必要的。毕竟我们从小到大接受的教育都告诉我们工作就是要出结果，失败会带来致命伤害，告诉我们所有路都要按既定路线来走。

如此，我们亲手埋葬了自己的梦想。

我们的思想被他人支配，让我们时刻都能意识到自己是个骗子，一个从不主动创造的骗子。

若要开始实践，当务之急应是摆脱既定路线，走出一条不一样的路。这条路上没有保障，需要你去寻找你的路线，信任自己。

正如苏珊·卡雷（Susan Kare，苹果公司 Mac 系列产品用户界面设计师）所说："想画一幅杰作，不是光下定决心就行的。你要做的就是不停地头脑风暴，加班加点去构思这幅画。要是幸运的话，赏识你作品的观众自会前来。"

忠言总是逆耳，但它是事实。

17. 世上最糟糕的老板

你可能会遇到世上最糟糕的老板。

蠢笨无能。

漠视你的劳动成果。

招徕一个又一个客户,让你忙得焦头烂额。

对你在工作中付出的才智、精力和热情无动于衷,不给予你任何褒奖。

还可能会毫无缘由地在深夜扰你睡眠,又一早把你叫醒谈工作,而且很可能对你的创造力抱有过高期许。

可能你已经猜到这个人是谁了。

没错,世上最糟糕的老板可能就是你自己。

因为最常给我们下达命令的就是我们自己。好老板应该在工作中不断提高标准,帮助我们进步,同时在我们受挫的时候及时刹车,让我们喘口气。好老板也应该勤奋、有耐心,还要有聪明才智。

更重要的是要信任我们。

有时我会说"信任你的自我"(trust your self),而非"信任自己"(trust yourself)。"你"究竟是谁?谁在给予别人信任,谁又能得到信任?

我们需要的是这样的老板——他充分信任我们,会帮助我们在工作中树立信心,雄心勃勃向前进。

他不会让员工加班加点赶进度,而是会有序安排好每一项工作。他不会制造恐慌,有自己的主意,不会每次遇到问题就去寻求上级批准。在工作这场长行军中,他始终与我们同在。

最重要的是,为了自我的发展,一个好老板要能看到我们的能力。

在职场上,你和你上司的相处模式永远不会像你和你的自我的相处模式一样。

所以,你该开始训练"自我"这个老板了。该学着相信自我,相信过程的力量,相信自己拥有的能力。

18. 你已经足够好

身处工业体系,每个人都有彷徨无助的时候。总有人会说你不符合要求,没有天赋,没有资格表达看法。

但我要告诉你,你已经足够好了。

你自身的影响力也不容小觑。

你已看过人生百态。

你已经有想要改善现状的想法。

那么就从现在开始,从这里开始。找到属于自己的工作模式,尽心尽力去做,不留遗憾。

19. 题外话:决定

前世界扑克牌冠军安妮·杜克(Annie Duke)告诉我们,好的决定和好的结果之间有着难以弥合的鸿沟。在了解了选项和胜率之后，我们往往能做出好的决定。但能取得好结果的概率是50%，或成或败：这是计算概率后得出的结果，不是隐藏在背后的答案。

同理，好的过程并不意味着一定能带来期盼已久的结果。做出决定是一回事，事情的后续发展又是另一回事。

一般来说，坐飞机要比开车安全。如果你的目的地是里诺（Reno，美国内华达州西部城市），最安全的出行方式一定不是开车，而是坐飞机。

你或许听说过有人在飞往里诺时遭遇空难，不幸身亡。但这并不意味着他们选择坐飞机是一个错误的决定。当然，结果确实令人唏嘘。

我想通过这个例子告诉大家，结果可能不好，但决定本身是毋庸置疑的。

发挥创造力的过程也是如此。即使你的作品不能引起共鸣，即使作品卖不出去，即使你因批评家的言论而不悦，你也在创作的过程中展现了你的智慧。

这是因为我们不能将追求目标和创作过程混为一谈。

一味寻求保证只是徒劳——只专注结果而忽略过程是一种投机取巧的行为，会毁了你的职业生涯。

20. 为他人服务

我们存在的意义不就是如此吗?

完成引以为傲的工作。

承担起自己那份责任。

在自己能力范围内倾尽所有。

走上一段旅程的唯一方法就是开始装点行囊。

但是没人能给你保证。我们的努力在大多数情况下会付诸东流。但是我们有决心——决心为他人服务,让事情变得更好,铸成一番事业——这个决心是模式的重要组成部分。

因为在多数情况下,大部分人并不是出于某种目的而行动的。

21. 工作和保证

实践无法确保你一定能在工作中取得成功,这是个陷阱。

若想得到保证,就要遵循一致性,走既定路线。最重要的是,这种工作可以被任何人取代,无法得到人们的尊敬。要是谁做都可以,那我们就可以雇用任何人。

只要知道我们有能力往更好的方向发展,这就是工作。我们在工作中不断学习、增长见识、提升自我。

总是寻求保证,你的旅程便会无穷无尽、无疾而终,你终将耗尽自己的可能性。

我曾与黑色安息日(Black Sabbath,英国重金属摇滚乐队)的成员交谈过,其中鼓手比尔·沃德(Bill Ward)在聊到乐队第一首热门曲目时说过的话给我留下了深刻的印象:"我本来以为这首歌不会走红,但它确实是首好歌。"

22. 我觉得自己是个骗子

至少在用心产出最好的作品时,我是这么觉得的。

心理学家保琳·克兰斯(Pauline Clance)和苏珊娜·伊梅斯(Suzanne Imes)于 1978 年创造了"骗子综合征"①一词,但其实这个概念很早就存在了。我们脑海中总有一个声音,告诉我们别去主动发表意见,别跳进水里,别站在舞台上。

所以我经常感觉自己是个骗子。

因为我最好的作品总是会涉及自己从未踏足的领域。

最近的一份研究指出,约 40% 的劳动力需要在岗位上产出创意、交流沟通、制定决策。对这些人来说,他们每天都会感觉自己是骗子。

你当然无法确定自己目前的工作是否能取得成果。谁又能确定呢?

你的客户可能会对你挑三拣四,也可能把你拒于门外,或者根本无法和你达成共识。

---

① "骗子综合征"是指"从内心否定自我能力"。骗子综合征群体实际上是很成功的,他们擅长所做之事,问题在于,他们无法内化自己所取得的成就,将所有成就归功于机缘巧合或其他因素。

在创新的世界里，没有工作指南、最优方案或既定规则可供参考。创新的本质就是假装——假装你对某件事在行，假装会有好的结果，假装你有一席之地。如此一来，在创新之路上，你通过不断尝试，知道哪些方法行不通，最终找到可行之法。

23. "骗子综合征"真实存在

若发现自己患有"骗子综合征"，那表明你是身心健康的，你在做的事情是有意义的。同时意味着你相信过程，保持着开放的心态。

相信过程的力量和自信是两码事。自信是当我们想象自己能掌控结果时产生的一种感觉。美国著名橄榄球星乔·纳玛什（Joe Namath）曾向媒体保证，称自己会带领纽约喷气机队夺得超级碗冠军，这就是自信。

每个专业运动员都不缺自信，可惜的是多数人只能尝到失败的滋味。每次对决、每场赛事，都会有自信满满的参赛者错失冠军。人们之所以会心痛、会沮丧，就是因为总想让事情在自己的掌控范围内。要是开始之前你就想保证胜利，你可能永远也没法开始，这不过是雪上加霜。

因此我们要相信过程的力量，以宽容的心态、明确的目的去开展工作，接受一切可能的结果，无论它是好是坏。

没错，你是骗子。但你是为了慷慨分享而欺骗，是为了变得更好。

若我们不去避而远之,而是坦然接受"骗子综合征",就能产出大量的创意。所谓"骗子",其实也证明了我们在创新、在领导、在创造。

24. 从脚下开始启程

人总是先有自我认知后有行动,反复的行动成为习惯,习惯又成为实践的一部分。而想要实现自己的理想,实践是唯一的方法,也是最好的方法。

先成为作家,才能变成"畅销书作家",而要成为作家,需要先动笔写作。在成为"知名企业家"之前,你也只是在为了理想而奋斗。

"我能……只是人们还没意识到"和"我不能……因为没人告诉我能"这两者是截然不同的。

我们唯一的选择就是启程。而唯一的起点,就在脚下。

只是开始而已。

不过你得开始。

目标是否有效不是看最终结果。有关于此,策略制定师伊摩根·罗伊(Imogen Roy)的一席话能帮助我们理解:有效的目标是对过程的承诺。承诺是你能掌控的,即使你无法左右结果。

但还是那句话,想要作出承诺首先要动身启程。

25. 你是谁（你做了什么）

我们很容易对"我是谁"感到困惑。

"我有六英尺高"，这是天生的，选择权不在你。

换个角度，"我是个厨师"，这就是你可以选择的了（或许并非如此）。

一直以来，我们总是蒙在鼓里，觉得"作家""领导者""艺术家"这样的人是天生的，他们的地位无可撼动，要么是要么不是，没有中间地带。我们觉得领导者天生就拥有才能和特权，不用去做选择。

但其实真相没那么复杂：如果你想成为领导者，那就发挥领导力。如果你想成为作家，那就动笔写作。

"我可以为他人服务"，这是每个人都可以做出的选择，只不过需要点时间。

一旦开始行动，你就会成为你想成为的人。

刚开始经历这种简单的身份转变（从"做"到"是"），你可能会感觉不适，持怀疑态度，但这正是我们实践所必需的。你的前半生一直在选择服从，选择让自己舒心的工作，突然之间要转变，用一种新的节奏、一套新的标准工作，以新的方式存活于世，这不是件容易的事，你当然会不适。但这种不适感是个好的信号，意味着你开始寻找属于自己的模式了。

26. 你扔掉的画稿堆了多高

漫画家德鲁·德纳维奇（Drew Dernavich）是漫画界鼎鼎有名的人物。他在《纽约客》（*The New Yorker*）杂志上发表过大量经典漫画，数量之多无人可比。

漫画家简直是许多人梦寐以求的职业。穿着睡衣坐在家里，花几分钟想几个笑话，画幅草稿，坐等拿工资。

但显然不是谁都能凭借兴趣成功的，漫画家需要有真材实料，需要天赋，需要精通漫画之道。

德鲁曾经发过一张自己书桌的照片，一时在网上炸开了锅：从这幅图片中我们能感受到，德鲁不是天才，他只是画得比别人多。

你会在经历多少次退稿之后放弃画漫画？

另一方面，在你茅塞顿开，终于体悟到如何画出有趣的漫画之前，你要扔掉多少不如意的画作？

有付出才有收获，这两者是不可分割的。

27. 大卫·格鲁（Dave Grohl）的母亲

摇滚名人堂得主，传奇鼓手大卫·格鲁说过："德瑞博士（Dr. Dre）、迈克尔·斯代普（Michael Stipe）、扎克·布朗（Zac Brown）、法瑞尔（Pharrell）……这些音乐家都是独一无二的，你可能会认为他们的人生轨迹不会有任何重合之处。但事实上，所有人的经历都相差无几。在他们10到13岁还是孩子的时候，就已经立志要成为音乐家。"

大卫的母亲就此写过一本书。

她在书中提到，她和许多其他母亲一样，看见了孩子们求知的渴望，因此她决定让这种渴望散发出光芒。

重点不在于在11岁时就培养孩子的音乐技能，而是在于他们养成了自我认同的习惯，知道自己想做什么。他们照镜子的时候，看见的是音乐家、艺术家，是奋斗之路上不断努力的自己。

11岁不是什么神奇的事。但相比年长之后再来改变错误的自我认知，11岁这样的年龄确实更容易培养孩子的自我认知。

无论你何时决定成为一名艺术家，实践之门都会为你敞开。无论母亲参不参与你的决定，决定权只把握在你手上。

28. 让自我认知成为日常

朱莉娅·卡梅伦（Julia Cameron）的"晨间笔记"[①]可以帮助我们解锁内在的能量。这不是靠缪斯或什么神秘力量激发出来的，而是靠我们选择的自我认知。如果你每天都在创造，那你就是充满创造力的人。这样的人会去创造，他们不会裹足不前，不会白白努力，不会被视为无能。

因为有创造力的人就会去创造。

产出作品，成为艺术家。不要去制定计划，而是去成为那个角色。获得自我认知的方式就是先假装成为那样的人。

想要获得创意，写作是最普遍的方式。画家、企业家、治疗师、马戏团演员——每个人都可以写下自己的故事，记录下我们眼里的世界，记录下我们是如何改变世界的，留下不可磨灭的印记。

你当然可以私下里记录，比如写在笔记本上，不会有人去看你写的东西。但如果你的故事可以面向大众，即使不用真名，即使读你故事的人屈指可数，你也会感到更加快乐。

你的文字就在某个地方供人赏读，仅仅知道这个事实便能让你坚定自我认知。

"这是我写的。"

每天都去记录，这一点也不困难，也不用花钱。远在市场开始关注你是谁、做了什么之前，这种方式便可以帮你建立起自我认知。

作家就要去写作，跑步运动员就要去奔跑。你做了什么，就会成为什么样的人。

---

① "晨间笔记"（morning pages）是艺术家朱莉娅·卡梅伦倡导的一种自我开发方式。指的是每天早晨醒来首先把自己的想法记录下来，写满三大页纸。可以记录任何想法，不拘格式和内容。

29."目前为止"和"尚未达成"

你还没能达成目标（目前为止）。

你的技术还不成熟，离自己的目标还有一段距离（尚未达成）。

你遍寻创造的勇气，为此吃尽辛苦（目前为止）。

这是个绝好的消息，说明你从小就在努力奋斗。事情有时就是这样，踏破铁鞋无觅处，得来全不费功夫。只要坚持不懈地努力，随着时间流逝，你一定会有收获。

"目前为止"和"尚未达成"这种不完满的状态，是每段成功旅程的基石。

30. 为魔术正名

近景魔术、心灵感应，戴着礼帽的魔术师站在巨大的舞台上表演幻术，这些把戏能成功的原因很简单：观众不知道其中关窍。

看魔术表演前人们总是自信满满，认为不可能就是不可能。但明明知道不可能，还抱着紧张期待的心情盼望不可能的事发生——这就是魔术成功的原因。看了表演后，观众自然想知道魔术到底是怎么变的，但我劝你最好还是不要这样做，因为一旦知道了其中的原理，所有的紧张期待（包括魔术的乐趣和魔术本身）即刻便会化为泡沫。

艺术鉴赏也是一样。我们总觉得自己可以和宇宙对话，觉得缪斯女神会在创造者身边低声耳语，诉说旁人不知道的真相，让他们创造出艺术作品供人欣赏。在我们看来，玩爵士乐的人和在机动车辆管理局工作的人绝对是两类人。

但其实创造者们也会有和普通人一样的经历，人们经常对此感到惊讶。

我特别喜欢将产生创意的过程记录下来。我总是想象盯着空白的地方不动是什么感觉，想象被飞天面条神①的副肢触碰是什么感觉，想象自己进入超然状态，上天给我下达命令是什么感觉。

只是……

只是这些经历并不是关窍所在。

其实并没有所谓的"窍门"，所有的一切都是实践，而实践的起点就是信任自己、付诸行动。

31. 信任、自我认知和实践

信任和自信是两回事。

信任是承诺去实践，抓住领导权，做出改变，不论沿路有多少荆棘障碍，因为你知道逃避不是办法，实践才能改善现状。

在日常生活中，有许多人和组织机构能赢得人们的信任。他们是怎么做到的呢？信任是通过时间建立起来的。人们在交流中会对对方产生期盼，周而复始，经历逐次验证，期盼演变成了信任。

---

① 飞天面条神教（Flying Spaghetti Monsterism，简称 FSM）起源于美国，由美国俄勒冈州立大学物理学士毕业生博比·亨德森（Bobby Henderson）于 2005 年 6 月创立，该教相信宇宙是由一个会飞行的意大利面条怪物在"一次严重的酗酒后"创造的，而这个意大利面条怪就是唯一的真神。这是一种讽刺性的虚拟宗教，反对"神创论"。

这些组织和个人之所以能让人信任，是因为他们会在人们遇到困难的时候出现。他们是不完美的，而恰恰是他们对待"不完美"的方式打动了人们，赢得了信任。

他们能做到，我们也能做到。只要去实践，就要相信实践的力量。不是因为实践每次都能实现我们的目标，而是因为实践是最佳选择。

有了信任，你就会有耐心。因为一旦你开始信任自己，你就能够持之以恒去实践，这是大多数人做不到的。

实践的大门对所有人敞开，无一例外。

32. 飞蝇钓鱼法[①]

我的好友艾伦和比尔在美国怀俄明州举办了一个小活动。活动第三天时，他们凌晨五点就把我叫醒，想要一起去上飞蝇钓鱼课。

我一直对这项运动挺感兴趣，但我不想真的去钓一条鱼，即使是先抓来后放生。因此，当钓鱼讲师帮我设置好鱼竿时，我只要了一只苍蝇，不要鱼钩。他给了我一个异样的眼神，但还是在他的工具包里给我找了一只。

接下来的几个小时，我度过了一段美妙时光，因为我知道自

---

① 飞蝇钓鱼法（fly-fishing）是广泛流行于欧美的溪流钓法，以钓取凶猛掠食性鱼类为主。通过飞钓技巧，可以悄无声息地把一只飞蝇落在水面上，然后抽线来模拟昆虫挣扎游泳的动作，这对很多鱼的吸引力是致命的。

己绝不可能钓到鱼。

为了钓到点东西,我的朋友忙前忙后,从他们的行动上就能看出来——他们做好万全准备,迫切渴望有鱼上钩。

而我呢,我对钓到几条鱼这种显而易见的成果一点也不在乎,我只想专注于钓鱼这个行为本身。我沉浸在自己的节奏中,找到属于自己的钓鱼姿势,感受抛饵这个动作带给我的奇妙感受。

有些时候,专业人士不得不把"鱼"(成果)带回家,这是激励他们工作的动力。但其实成果不过是实践过程的附属品。只要实践方法正确,你的努力会为你开启一扇门,让你的作品成为市场所需要的东西。

"意图固然贫乏,可知救赎之道就在创作过程中。"伊丽莎白·金说这句话的时候,其实是在思考钓鱼这个过程。为了结果,你可能会投机取巧、疲于奔命,或是想尽办法引鱼上钩。但如果对成果的渴望让你在过程中分了心,你的"艺术"就会遭殃。所以我的建议是,除非你已经全身心投入实践,圆满完成工作,否则不要去评判结果。

33. 意图之贫乏

任何时候,这个世界都不可能完美。

大环境不利,经济发展迟缓,健康亮红灯,自信心受挫,一则非常不雅的留言没被过滤器删除,遭到拒绝。

除此之外还有很多很多。

在那些时刻，我们很可能意图不纯。我们可能会选择逃避，或者寄希望于灵感。可能很纠结，想倾尽全力，又想随遇而安，也有可能半途而废。

但救赎之道就在实践之中。

因为实践不会说谎。

当然也是因为，实践就是当下最好的行动方向。

34. 实践是不懈追求

丹昆特大桥（京沪高速铁路丹阳至昆山段特大铁路桥）是世界第一长桥，全长约 102 英里（约 165 千米），令人惊叹。

而波司登大桥（位于四川省泸州市境内）也是世界最长大桥，但长度只有 840 多米，是丹昆特大桥的 1/200 左右。

这两个"最长"之间有什么区别呢？

波司登大桥是世界上最长的单跨大桥，横跨长江，因为长江水太深无法打桥墩，所以只能依靠两岸的两个桥墩支撑，形成一个大跨度。而丹昆特大桥由数千个这样的跨度组成，它其实不该被称为一座桥，而应是一组桥。

如果观察那些金字塔顶端的创造者们，你会发现他们的职业生涯和大桥有着相似之处：一座座小桥构成了大桥，每建一座小桥都让人感到心惊胆战，都会让大多数人退却。

实践也是一样，实践是要勤勤恳恳走好每一步，而不是企盼奇迹发生。

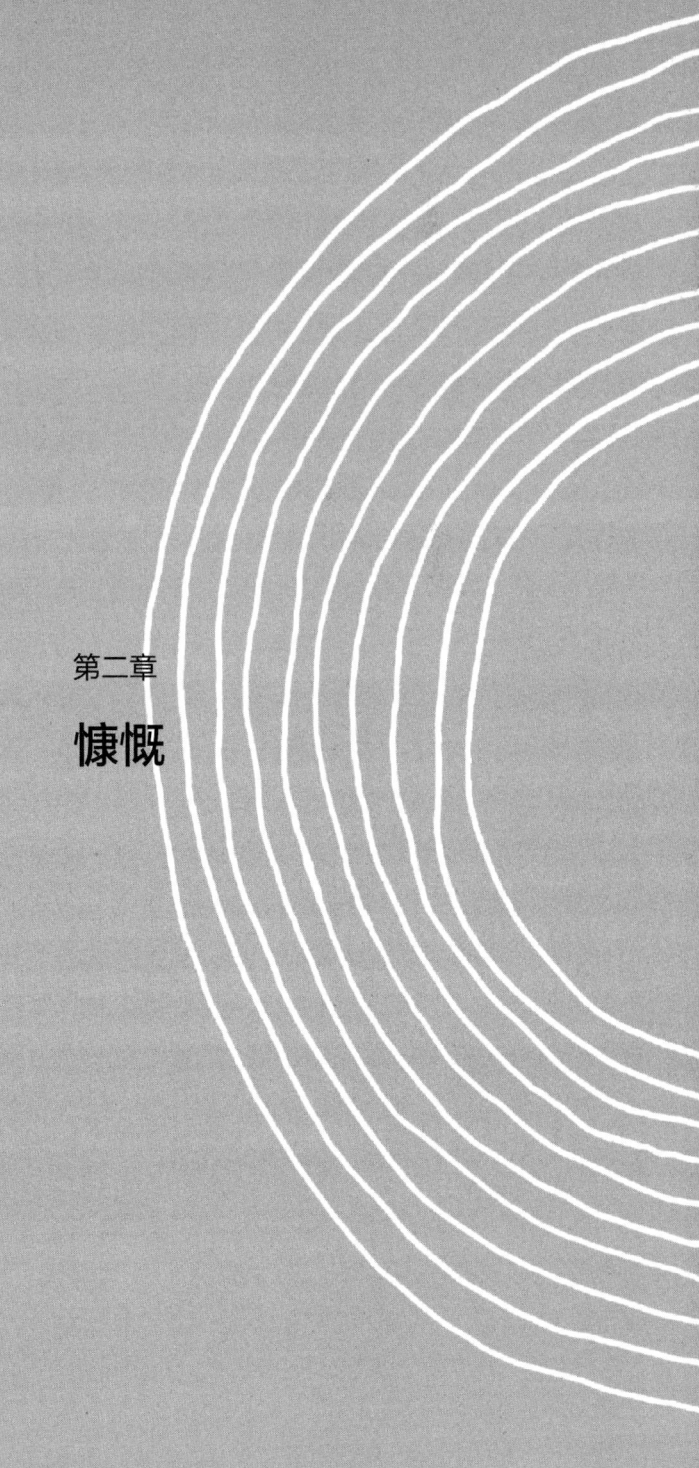

第二章

慷慨

35. 你有权保持沉默

但我希望你不要沉默。

这个世界处心积虑地阻碍人们前进，但只要我们不点头，它也无能为力。

主导社会的工业体系提倡的实践并不正确，这种实践认为天赋和运气是最重要的。它更希望人们冷眼旁观，甚至会对你说："排好队，等着拿上流人士定好的菜单，你得忍受它的不足，遵从它的秩序，才能得到回报。"

我们周遭的噪声、不确定性、挫折已经够多了，几乎没有消停的时候。这些噪声通常都是些自圆其说、毫无意义的抱怨，或是有求于你的人在你周围叽叽喳喳，毫不顾及你的感受。这个世界噪声很多，有意义的交流很少，能积极去领导的人也很少。

你愿意投身的事业——你想从事的、生来便注定要做的事情——才是你的奋斗目标，才是人们真正需要的。

36. 放宽视野

销售这个工作是以自我为中心的。谁也不想催促别人做事，因为害怕要去控制别人，我们很容易产生畏惧心理。关于"控制"，你可以问自己一个简单的问题：要是按你吩咐做事的人发现自己的工作成果早在你预料之内，他们还会乐意为你工作吗？

艺术家们可以一点一点去改变，让世界变得更好。他们投身自己热衷的事业，为他人服务。他们点亮一盏盏灯、打开一扇扇门，帮助我们与自我建立更好的联系，也加固了人与人之间的关系。

对于实干家来说，人们需要什么，他们就生产什么，而且价格要越来越低廉，产出速度要越来越快。但拥有自己话语权的人还能帮助人们了解这个世界，让人们知道除了满足需求之外，还有很多事要去做。

你要做的不是像快餐厨师那样机械重复地工作，你要放宽视野，去发挥自己的领导力。

37. 为自己发声是什么感受

为了回避他人的指责（因为不信任自己），很多人会选择人云亦云。模仿别人的意见，或者竭力迎合别人，都是逃避的表现。这是因为体系希望我们如此，它更愿意把人们当作货架上的商品，或工厂里随处可见的齿轮。

每个人的脑海里都有一个声音，每个声音都是与众不同的。

我们的生活经验、追寻的梦想、恐惧的对象都不相同，在分享的过程中，我们会形成自己的交流模式。它可能无法促成什么成果，但只有你才能找到自己独特的声音，如果将其藏而不露，你可能会自食恶果。

即使别人的声音都被夺走，你也完全可以为自己发声。

38. 藏而不露会让你自食恶果

人们将自己的声音隐藏起来是因为有这样一个错误的假设：你的智慧和慷慨是有限的，要省着点用，否则终有一天会耗尽。人们总是对自己的不足感到恐惧，而藏而不露就是在躲避这种恐惧。总有人信赖你，需要你的帮助，但隐藏自己的声音会让你与他们断开联系。

如果觉得自己再也无法产出好的想法，你很可能连现有的想法都吝于分享，因为你会担心仅剩的一点也被人偷了去，最终一无所有。

这种匮乏的心态只会产生更多匮乏感，你会陷在一个小圈里，将那些能够鼓舞你、给你挑战、让你产出更多成果的人拒于门外。其实我们可以抱有一种富足的心态，可以选择相信创意是可传染的——你和我，我们都在产出最好的作品，通过相互交流，我们的作品也会更好。如此一来，富足感会加倍，匮乏感会减少。文化产出需要付出代价，但要是文化发展蒸蒸日上，会给人们带来更多。

如果我们不相信自己的声音，甚至还没找到它，就很容易为自己的沉默找借口。我们会想，藏而不露总比被拒绝好。

这种不信任自我的情绪会耗尽我们的能量。匮乏心理会让人变自私，让我们最终既无法相信自己，也无法信任其他人。

艺术扎根于文化，而文化扎根于人与人之间积极主动的交流中。

39. 二十美分和一只足球

肯尼迪·奥特（Kennedy Odede，非洲最有名的社区组织者和社会企业家之一）生长于肯尼亚的一座贫民窟基贝拉（Kibera，非洲大陆最大的贫民窟之一）。除了时间和热情之外，他没有任何可投资的东西，但他于2004年成立了"社区希望之光"这一非营利性社会组织（SHOFCO），以资助基贝拉出身的年轻人。

刚开始，他组建的是一支足球队，接着这支足球队慢慢成长为一个专注于分享的组织。该组织如今在肯尼亚多个贫困地区开设医疗门诊，提供清洁水源、公共厕所以及其他免费服务。开设这些服务不是为了完成某些任务或者工作，只是因为他们有能力提供这些服务。

肯尼迪生长在资源匮乏的环境中，这种匮乏也存在于许多人的生活中。我们会很轻易地选择只关注自我——自我的渴望、自我的规划、自我的需求。但是肯尼迪做出了不一样的选择，他选择了关注自己以外的事物，选择了慷慨分享。

如果你住在一个村庄里，村里的水布满细菌，而你想出了清洁水源的方法，你会将这个想法免费分享给其他村民吗？

若是出于自私的想法，你可能会觉得这很不公平，毕竟是你想出了这个办法，而你今后很可能不会有更好的想法。

但其实村里一旦有了干净的水源，生产力就会提高。生产力越高，村民们的生活水平就越高，生产的食物、可提供的福利更多，人们会更加快乐。无论能否有实际收益，你所感受到的喜悦只会加倍。

我们的文化就像这个村庄。传播出去的想法才会被人看见，传播出去的想法才能改变世界。

40. 毕达哥拉斯和第五只锤子

毕达哥拉斯（发现勾股定理的古希腊数学家、哲学家）曾领导着一批杰出的数学家，但是他们也经常感到困惑。他们认为调和函数是理解世间万物运作规律的关键。他们的工作主要就是研究数率，将万事万物分割成几个基本组成部分，用以探索宇宙奥秘。

有这样一个传说，说毕达哥拉斯潜心研究一个理论，在那个过程中为了放空大脑便外出去散步。路过一家铁匠铺时，他听到里面有五个工人正在打铁。锤子有规律地敲击，发出叮叮当当的声响，竟然奏成一曲美妙的乐章，所有敲击声合而为一构成了悦耳的和音。

他风风火火地走进铁匠铺，急急忙忙拿走那五把铁锤，那幅情景引人发笑。

他想知道为什么它们的和音如此震慑人心⋯⋯这或许能解开

他苦思的谜题。

接下来几周里，毕达哥拉斯将每把锤子称重、测量。他想知道为什么它们发出的声音不一样，更想知道为什么在同时敲击它们时会发出如此美妙的声音。

他的研究工作帮助人们发现了数学和世界之间的物理联系。研究结果表明发出和声的原因就在于前四把锤子重量之间的特殊比例——每把锤子的重量都是其他锤子的倍数。但在这个故事里，最吸引我的是第五把锤子，因为它不符合构成和音的规律。这第五把锤子鱼目混珠，不符合数据规律，是被人忽略的部分。

和历史上许多学者一样，毕达哥拉斯丢弃了这第五把锤子（它不和谐的声音惹人厌烦），只展示了前四只的研究成果。但事实上第五把锤子这一不和谐因素，才是整体发出美妙音律的秘密所在。它能发挥作用正是因为它不完美，因为它给整个系统注入了精华，添加了回声。如果没有它，整个系统可能就无法正常运转。

CSNY乐队美国民谣摇滚组合成员克罗斯比（Crosby）、斯蒂尔斯（Stills）、纳什（Nash）和杨（Young）之所以相处得非常和谐，就是因为杨的加入——因为他的声音和其他人不协调。[①]

杨就是那第五把锤子。

[①] CSNY组合成立于1968年，最初有三位核心成员大卫·克罗斯比（David Crosby）、史蒂文·斯蒂尔斯（Stephen Stills）及格拉汉姆·纳什（Graham Nash），他们离开各自原有的乐队组成一个新的民谣组合CSN，一年后斯蒂尔斯的老队友尼尔·杨（Neil Young）也加入进来，组合改名为CSNY，杨的加入让组合更加充满摇滚节奏。

在 CSNY 乐队 1974 年的巡演过程中,三位核心成员都乘私人飞机赶赴现场演出,杨则拒绝和他们同行。每次演唱会结束后,他就开着一辆老旧的房车赶去下一个演出场地,一旁陪伴他的只有他的儿子。他就是组合里的不和谐因素——不按常理出牌的人,那第五把锤子。

第五把锤子没有规则可循,不能一眼望穿,往往不被看好。

只要你选择去实践,选择相信自己的创造力,你就是这第五把锤子。

41. 你上一次尝试新事物是何时?

苦苦思索未来还未发生的事是现代人常有的苦恼。我们每天都在想象,想明天事情可能会不如愿,每天都懊悔没去做本该做的事。我们能看到可能性,也知道有机会改善现状——但我们却踟蹰不前。

美好的明天似乎转瞬即逝,就在我们的懊悔中化为一缕青烟消散而去。这种感觉不只是在全球疫情暴发的期间存在。日复一日,人们都会觉得大门紧闭,期盼中完美的明天永远不会到来。

没人能保证明天会按照自己的期盼展开,对此我们无能为力。还不如把视线从那些未发生的事上移开,就任由风吹雨打,选择承受一切,不管世事如何运转。

九层之台起于累土,只有先把基础打好,才能站得高、望得远。我们可以选择抓住机会,为自己发声,投身实践。

42. 乘风航行

想要顺顺利利过完一生,最简单的方法就是随波逐流。和其他人一起,顺风航行。你不用付出多大努力,因为你开始就没有下定决心——至少不是出于自己的意志。你得过且过,当然你也尽了力,可能也很投入。

但其实在帆船航行的众多方向中,顺风前进的速度是最慢的。这是因为帆船的帆布使用原理和降落伞一样,在顺风航行时船的速度是不可能超过风速的。正如一阵风携来蒲公英的种子,风吹到哪里,蒲公英就只能落到哪里。

帆船可不是这样驾驶的,逆风而行才是帆船最理想的航行方式。对于帆船来说,最快的航行方向是桅杆或桅杆附近与风向几近垂直,甚至乘风航行。

工作也是一样的道理。找准方向,培养技能。相信通过不断努力的过程,我们会在工作中逐渐成长,精进自身能力。

若我们竭力想要改变,世界便会因我们而不同。

不是因为容易才去工作,而是因为我们的工作很重要。

这就是实践的全部内涵。

43. 不适感也是一种服务

我的同事玛丽·沙赫特认为服务(招待朋友、与人见面和了解人们的需求)和舒适感(寻求保证、舒适圈和消除焦虑)是不一样的。

但是艺术创作不是为了舒适便利,而是要去改变,要改变就肯定会紧张不安。

学习也是一样。自主学习才是真正的学习(与教学相对应),这个过程必定会包含紧张和不适的感觉(学习技巧越精进,越会感受到自己能力不足)。

实践的过程,不光是让你的部下、你服务的对象、你的学生暂时感到不适,还包括在探索未知领域时学会面对自身的不适感。艺术家们活跃在他们的领域里,就是为了给欣赏他们作品的观众们带去一种不适感。这种不适感有一股吸引力,让人们臣服,能够激发好奇心。变化到来之前,人们最能体会到这种不适。但是这种新的款待方式——带领人们体验新的事物,从而促成改变——会让我们自己也感觉不适。直接开口问对方需要什么,然后给他想要的,可能会容易得多。

如果只是选择给人们提供便利,那艺术家或领导人不会有所建树。因为从最终的结果来看,这样的工作缺少冲击力,不够深入人心。

不适感不是你拒绝为别人服务的理由。实践是要在工作中与人共鸣,是要在旅程中促成变化,是要创造出这种不适感。

为了欣赏我们作品的人,也为了我们自己。

这点困难不算什么。

44. 多样性与问题解决

问题总有办法解决，所以才称其为问题。没法解决的问题不能算是问题，只能说是一种状态。

问题最终得到解决的方式往往出人意料，不走寻常路。要是通过很显而易见的方式就得到答案，那问题可能早就得到解决了。

事实上，正是那些看起来行不通的方法——从多样的可能性中选出的奇怪组合——才是最终的赢家。

这种多样性包括种族和生理因素上的差异，也包括特殊方法和经验上的差异。只要一群各具特色的人汇聚在一起，就可能会有新事物诞生。作家斯科特·佩奇（Scott Page）告诉我们，系统越复杂，多样性越能发挥效用。

当然，每个人都有与众不同的地方。特立独行是一种选择，也是一个机会，能让我们将自身经历和观点融入工作中。在体系训练下，我们一直都选择藏匿自己的声音，或假装它不存在，因为周围的环境迫使我们去被动适应，以至于"特立独行"这个词披上了一层可耻的外衣——其实它只是意味着有些特别。

当今世界瞬息万变，这种独特的技能和观点正是人们所需要的。

如果没有你独有的那份贡献，解决问题的方法和经验也会丧失多样性。

45. 布莱德利·库珀① 得了感冒

试想这样一个情况，你是网飞一部大制作新剧集的执行制片人，但原定主演布莱德利·库珀突然患上感冒，没法参加这部新剧的拍摄工作。这部剧的主角是一位意志坚定的律师，同时还独自抚养孩子，角色生动饱满。库珀这个选角堪称完美，但是现在你无路可走，必须要找到合适的替代人选。

公司只给了你一天时间让你解决问题。他们希望这位主演最好曾入围奥斯卡，或是获得过金球奖，累计票房要高达40亿美元。

解决问题的速度要快，列个清单出来。要是你，你会选哪几位演员作为候选人呢？

遇到这样的挑战，很少有人会考虑斯嘉丽·约翰逊（Scarlett Johansson）、唐·钱德尔（Don Cheadle），或者格温妮斯·帕特洛（Gwyneth Paltrow）这些超级大明星，即使他们三个是为数不多满足以上条件的演员，要知道全世界也就十个人能符合要求。

这是因为人们总是本能地选择回避与众不同、特立独行的事，而选择这三位演员显然违背了这种本能。在周围环境的压迫下，人们总是选择表现得"平平无奇"，即使这根本不能解决问题，即使并不公平。

在主流意见的影响下，我们总是会表现出这样的本能，只能去适应，却无法跳出这个圈子。这样做只会加深我们的恐惧，让我们的努力得不到重视。

---

① 布莱德利·库珀（Bradley Cooper），美国影视演员、导演、编剧、制片人。多次入围奥斯卡金像奖，金球奖及英国电影学院奖。

46."看，我做到了这件事！"

"我"可以指我、你、我们，或是任何整装待发的人。工作需要人去推进，你服务的对象会将你和你提供的服务直接联系起来。

"做"意味着你付出了努力，其中包含你原创的想法，以及你的技术。

"这"不是一个空泛的概念。相反，它是具体的，有限定条件的。过去这件事是不存在的，但是现在它存在。它是独一无二的，不是俯拾即是的。

"看"就是你将你的想法当作礼物送给别人，让人与人更紧密地联系起来。

这简单的一句话里表达了你的慷慨，展现了你的意图，意味着一次冒险的尝试，也拉近了人与人之间的关系。

这句话说得越多、实现得越多、传递得越多，我们能创造的艺术、实现的沟通就越多。

我们生来就是为了创造变化。

47. 创变者就是领军人物

这个新的观点很好理解，也是事实：

你在这里就是要去改变。我们需要让世界变得更好，我们需要有人领导我们。

时间稍纵即逝，今天过去便不再来。

现在你就是领军人物,在改变的过程中,如果你想更专注、更有活力、收获更多,下面有三种简单的方法可供你参考:

1. 充分相信过程的力量,在此基础上重复实践,直到一切水到渠成;
2. 把目光放在少数人身上,而非所有人;
3. 带着目的去完成一项工作,让每一步过程都有意义。

你要走的路可能并不平坦,但是无论你的目标在哪里,它对你来说都至关重要。

48. 无处藏身

人们总是喜欢逃避。若非逃避会让梦想无数次破灭,人们可能会一直逃避,就这样舒舒服服过完一生。

但要是我们相信自己,想要改变,就不能再选择逃避。

在众多娱乐大众的节目中,单口喜剧是最无处借力的。一位喜剧演员、一支麦克风,除此之外一无所有。剧本、灯光、乐队通通没有,只有你自己,在舞台上讲出你的故事。

一登上舞台,你便无处藏身,这也是喜剧节目吸引人的地方。就好比走钢丝,拉紧的绳索悬挂在高处,要是失误掉下来必会伤着自己。

当然,你可以选择其他工作,不用非得像单口相声演员一样忍受如此痛苦折磨。但无论你选择哪条路,你都需要找到不去逃避的方法。你要学会说:"看,我做到了这件事!"相信自己可以与他人分享自己的作品。

当然，这不一定能成功，需要通过过程来不断实现。总之先去行动就对了。

接着再次尝试。

只要这是你的热情所在，尝试再多次也无妨。

49. 说"不"的最佳理由

作家贾斯汀·马斯克（Justin Musk）提醒我们，要想坚定不移地说"不"，就要先有能说"是"的能力。而我们在实践中付出的努力，就是我们说"是"的力量源泉。

人们总是希望所有需求都能得到满足，所有工作任务、午餐约会、新项目，甚至是小的请求都能得到肯定答复。只是个小小的要求而已，人们总是这样想。

显然——就像是玩接球游戏，不停地将球击打回去，就永远无法停止这个过程。

接着，不停回复这些问题就成了你的日常生活，你没有精力去完成真正有意义的工作。

是要查看邮箱，还是创作你的书稿？

回复邮件可以算作是一种肯定答复，但你说"是"的对象可能搞错了。

你能做的最慷慨的事，可能就是"拒绝"，暂时让别人失望。

虽然清空邮箱很耗费精力，但它不失为一个好习惯。就像所有等待你回复的事情一样,回复邮件只能对眼前急需解决的事有助益,但对长远发展和真正有意义的事情毫无用处。清空邮箱后,等着你的是甜蜜的果实,你可以在接下来的一两个小时里拒绝干任何事,没有负担和顾虑。

这个"邮箱"可以指真的邮件,也可以指你安排自己日程的方式、下个项目的计划或者与妯娌相处的方式。别人对你的期望有一箩筐,为了从中筛选并满足这些需求,你花费的时间比想象中要多得多。

我在演讲或全身心投入一个新研讨会或者新想法时,几乎不会抽空回复邮件。因为在这些时刻,我非常同意作家德雷克·西弗斯(Derek Sivers)的观点——要么不假思索答应,要么立刻说"不"。

总是只先解决紧急问题,而不管问题的优先级,这并不是大局观。大局观是要专注于你正在努力促成的变化。

作家罗莎琳·蒂斯查芙(Rosalyn Dischiavo)所说的那种"深层次肯定"是很难找到的。它是指经过挑选从而确定优先级,这要求我们必须具有责任心和自我牺牲精神。要达到这个要求必要经历一个过程。无差别的肯定确实能取悦他人,但这其实是在拒绝真正想做的事。我们有真正渴望的事业,而这种行为切断了我们两者之间的联系。

一旦你为自己定下日程表,就必须要按计划执行。这意味着你要为你的行为负责任,不要找借口解释为什么逃避,为什么忙不过来。

以自我为中心很容易演变为自私。总是拒绝别人是"唯我论"[①]的一种表现,甚至可以看作是"自大狂",就是人人都敬而远之的那类人。倘若不加以权衡,这种因为盲目相信自己所以不惜代价拒绝别人的行为也是另一种逃避。

如果拒绝他人成为一种习惯,成为你逃避现实的手段,你可能最终会切断与所有服务对象之间的联系。如果你尝到了拒绝的甜头,你会觉得拒绝别人能让你身心舒畅,但从此你再也无法与别人分享你的作品,因为想要和别人分享,你必须再次进入一个需要"接受"的世界。我们所做的事可能会在短期内让人们感到不舒服,但是之后我们还是一样能让人们感到舒适友好的。

如果你只在意结果,如果你对自我的信任不堪一击,总是需要寻求保障,那么一旦想到要与世人分享你的作品,你就会感到很焦虑。对你来说,在自恋的温室里闭门不出,对所有的要求都一一应承下来,或者全部拒绝,可能会更轻松。

这是退一步的做法,意味着你放弃了你能做得最慷慨(也是最令你害怕)的事:信任自己,展现自己,分享作品。你应该从好的目的出发,为对的人,提供对的服务。

[①] 唯我论(solipsism)是指除"我"或"我"的精神之外没有任何东西存在,整个世界及其他人都是"我"的感觉、经验和意识的一种观点。是主观唯心主义走向极端的必然结论。在中国哲学史上,孟子所说的"万物皆备于我",王守仁所说的"心外无物",都是一种唯我论的观点。

50. 保证是徒劳的

"保证是徒劳的",这句话虽短,却很让人不安。但是一旦你接受了这个观点,你会发现没有比这句话更实在的了。

"一切都会一帆风顺的",这不是事实,也不可能是。

大人们喜欢给孩子一些保证,因为孩子们还涉世未深,不知道自己想要什么。而大人愿意给孩子保证,是因为确信有能力保护他们。

但是在工作中,当我们努力寻求改变时,这种保证是徒劳的。因为我们要做的事包含着不确定性,不确定就意味着不一定会成功。

得到保证能让人暂时平静,但并不持久。一旦有人在你耳边谈起这些事情,这种平静就会消失。实践的不足永远无法用保证来弥补。除了相信自己,坚定地走下去,我们别无选择。

保证只能在短期内起作用,让人对可能的结果感到满意。保证会将人们的依恋心理放大,它转移了人们的注意力——本来人们专注于持之以恒地实践,现在却想要控制一切,保证能成功。我们只看到了鱼,却忘记了要抛钓钩。

对寻求确定性的人来说,保证是有用的。但是成功的艺术家们都知道,确定性不是必要条件。事实上,总是追求确定性会毁了我们的创造。

希望和保证是不一样的。希望是相信自己,并尝试改善现状。即便没有保证,我们也可以心怀希望。我们现在做的事可能无法取得成果,但我们可以抱有希望。

51. 落后于人的恐惧

Kiasu（怕输）是闽南语里"害怕落后"或"不满足"的意思，这个词起源于新加坡。这种情绪常常困扰人们，不光是新加坡人会有这种想法，全世界都有，而且数量比 FOMO[①]人群多得多。产生这种情绪，是因为人们总是觉得得到的不够多，因此想要更多。

人们一再放大这种匮乏感，因此只能被动适应这个世界。它告诉大家去买更多东西（要不就没货了），更加勤奋工作（否则就会被取代），最后生活在恐惧之中。这种心理引发了恐慌性购买、囤货的现象，能有效激励学生，同时也能操控一群人，让他们选择服从。

当然，kiasu 实际上代表了恐惧感和不满足感。只要我们对自己有足够的信心，知道自己已经在追求理想的路上前行，这种感觉就会消失。

结果不在人们掌控范围内，如果你把结果当作燃料激励自己工作，你难免会筋疲力尽。因为这种燃料没处填补，也无法燃烧殆尽。

52. 自信是相对的

一英尺就是一英尺，这是绝对的，测量起来也不麻烦。这也是人们用英尺来量长度的原因。

[①] FOMO（fear of missing out）人群，意为错失恐惧症或社群恐慌症，是一种由患得患失所产生持续性的焦虑，这类人总会感到别人在自己不在时经历了什么非常有意义的事情，是一种持续的焦虑情绪。

要是人们的感觉也是绝对的就好了：有证据可证明，有同类可替换，看得见摸得着。自信却因人而异、因时而异，因为自信是一种感觉，难以捉摸、难以控制。保证之所以是徒劳的，就是因为它想营造一种感觉，而在某个特定时刻，感觉可能是有用的，但也可能无济于事。

其实我们不该成为感觉的奴隶，感觉并不是只能不请自来或不告而别。我们可以采取一些策略来创造我们需要的感觉。

格伦·克洛斯（Glenn Close）曾七次入围奥斯卡，却未获奖。如果只是为了赢得奥斯卡奖，她不可能创造出如此多的作品。她是失败者吗？她的表演生涯就是黄粱一梦吗？没得到行业内的认可对她的工作有任何影响吗？她无法控制投票数多少，要是仅靠投票数来指导实践，她一定会做出错误的决定。

实践是选择。只要有模式可循，我们就可以坚定地走实践之路。无论我们是否自信，实践之门永远敞开。

在我们感到不自信的时候，尤其要去实践。

53. 阻力是真实存在的

史蒂文·普雷斯菲尔德（Steven Pressfield）的杰作《艺术的战争》（*The War of Art*）告诉我们要看到阻力。阻力难以捉摸，狡黠油滑，这种情绪会在暗中阻挠我们，毁灭我们，或至少在我们追求事业的路上成为一块绊脚石。

阻力依赖于不好的结果，因为它想把我们的注意力从手头正进行的事上分散开。为了达成目的，阻力也一样需要保证。

阻力迫使人们寻找自信心，接着再摧毁这种自信心，一点不留情面。它的目的就是阻止我们前进。

但要是我们不需要自信呢？其实我们只需要相信实践，全身心投入创造和分享的过程，阻力自然会渐渐失去其作用力。

慷慨分享是找到实践法门最直接的方式。在为他人服务的过程中，你的慷慨会战胜阻力。能做到慷慨，就意味着我们不是在为自己寻求一份保证，而是把注意力放在为他人服务上。这个过程会刺激我们大脑不同的部分，让我们前进的方向更有意义。谁也不想成为自私的人，在做有意义的事情时，如果你屈服于阻力，那就是自私。

工作的意义就在于改变作品的受众，让他们成为更好的自己。这也是实践的核心。

当你为他人服务，努力改善现状时，你会发现工作不再总是围着自己转。所以，救起溺水的孩子，成为做出改变的人吧。

54. 锁匠引发的思考

你被锁在门外，于是你请了一位锁匠来帮你开门。他到你家门口之后，就开始用万能钥匙开你的门锁。

他把每把钥匙都试了一遍，这需要一个过程。在这个过程中他不用费什么心思，因为手里的钥匙数量就这么多，他知道总有一把能打开门。这把不合适，那就回到他的办公室再拿一串钥匙试试。

一把一把试钥匙的过程不需要付出任何感情，也不能测试他的能力，他不过是为客户提供帮助而已。但是，试每一把钥匙都会产生一个反馈。这把能打开吗？如此这般，就能积累许多数据。最终，他会找到那把匹配的钥匙（也可能找不到）。

人们心中有对艺术家的评判标准，显然一名职业锁匠是无法满足这个标准的。那一位专业的软件工程师可以算是艺术家吗？软件工程师写一串代码，编译，然后测试代码能否运行。一个代码故障不是个人的错误，它只是另一种形式的数据。有了错误便去修改，接着重复以上过程。

理疗师这个职业也能引发相似的思考。理疗师想出办法治疗一位难缠的病人，这个办法要么成功要么失败，但为了病人他必须这么做。这个方法不行就试另外一个，重复这个过程，直到病人的病情有了起色为止。

剧作家也是一样。剧作家写了好几页纸的对白，把它们带到剧本研读会上让演员表演。这些台词可能会打动一些观众，但其他人可能无动于衷。那他的作品有没有传递给正确的受众呢？还是一样，这不该让你感到焦虑不安，因为你在开始的时候就应该考虑到这些危机。现在不是要去寻求保证；现在要去收集有效反馈。

艺术想要兼容并蓄，就必须有能力改变受众。如果不能，那它还没发挥效用（尚未）。但意识到作品失败也是好的，这让你有机会创造出更好的。

实践的结果是不可知的。无论结果好坏，实践还要继续。

55. 一枚硬币的慷慨

安妮·迪拉德（Annie Dillard，美国作家、诗人）7岁的时候有一个怪癖，她会在树枝分叉处藏一枚闪闪发光的硬币，然后用粉笔在路上画上记号，引导过路的人去找她藏起来的宝物。

"这世界使人应接不暇，到处都有未拆封的礼物，不用花钱的惊喜。路上简直到处都有别人慷慨解囊抛下的硬币。但是问题的关键在于——谁会因为区区一枚硬币而欢呼雀跃呢？"

硬币的作用被严重低估了。成为众人瞩目的焦点、交流的对象、聚光灯下的主角，这当然会让所有人都感到兴奋。但是艺术的核心不在于它来自某位天才的奇思妙想，而是在于你选择将作品与他人分享。

无独有偶，丹·施普尔（Dan Shipper，美国90后程序员、CEO、作家）也在他7岁的时候创作了第一本书，那时候他才3年级。书中角色背诵着一串无穷无尽的数字，他就用这样的方法完成了一本书的创作。另外他请求他的祖父将这本书打印出来，他就这样完成了一本书。

但每个参与这本书的人都对它印象深刻，一辈子也忘不了。

只要你下定决心和他人分享，你的作品肯定能超出预期。

56. 拥抱（尚未）

上文中有这样一个句子："它还没发挥效用（尚未）。"

这是你唯一真正需要的保证。

实践之道就在那里。实践的力量已被证实,而你已经对实践敞开怀抱。

现在,你需要的是更多实践。

你需要更多时间,多次反复,更多勇气,更多过程,投入更多精力,再多也不嫌多。展现出独特的个性,尝试更多种类,多看多经历,与更多人分享。学无止境,所以不要停下学习的脚步。

它只是还没发挥效用(尚未)。

57. 犬儒主义[①]是一种防御机制

这种防御机制收效甚微。

乐观积极的人更有可能享受实践的过程。他们不会浪费时间提前担心失败。

消极的艺术家们也一样会投身实践,但是他们会遭受更多痛苦。

失败不可避免,人们总是不自觉就让自己准备好面对失败。可能一旦你成为一个悲观主义者,或是愤世嫉俗者,你就可以在一段时间内将自己的愤怒分散出去。只要你的期望不高,就不会失望。

但这种痛苦往往真的会应验,承受这种痛苦将成为一种习惯,最终影响我们的工作。悲观主义者可能会劝自己远离失望,但是相对的,他们也让自己无法传递有意义的作品。如果实践的核心是慷慨分享,犬儒主义又怎能让我们更加慷慨呢?

---

① 犬儒主义是一种西方古代哲学、论理学学说。主张以追求普遍的善为人生之目的,为此必须抛弃一切物质享受和感官快乐。

如果能让自己在实践中保持积极的态度，事情就会水到渠成。

请注意，我在上文中用到了"失败"一词，但失败并不是我们讨论的中心。如果你确实在分享你的工作成果，但是它没能提供给你预期的受众，你可能会得到一个意料之外的结果，但实践本身不是失败。

无论从什么角度来衡量——热度、影响力、转发量、持续时间——经过简单计算就能知道，我发布的7 500条博客中有一半的认可度要低于另一半的平均水平。

在实践中，你会领悟到这条简单的真理。

只要你去实践，失败（你可以加上引号）在所难免，这是你必须要明白的。

不要让愤世嫉俗的情绪束缚了你。仅仅是得到机会也是值得庆祝的，选择权都在你。

58. 实用的共情能力

你知道的别人不知道，你相信的别人不相信，你想要的别人不想要。

别太在意。

想满足每个人的需求，这是痴心妄想，毕竟众口难调。

我们要有勇气说出"这不适合你"，并且出自真心。

我们的工作是为了给他人提供服务，带去改变，改善现状。为了更受欢迎，为了让大众熟知，我们总是不得不放弃我们想要追求的变化。

去改变一部分人。就像休·麦克李奥（Hugh MacLeod，美国著名插画家、博主）所说的，不要鹤立鸡群，要"远离鸡群"[①]。

在《这就是营销》（*This Is Marketing*）一书中，我提到过实用的共情能力。这是成功的创造者应该具备的一种姿态。

拥有共情能力可能意味着你是个好人，但更意味着你能成为比别人更出色的创造者。

你的工作如果只是为了自己，那是没什么用的。除非你够幸运，正好自己想要的就是受众想要的。

孩子们喜欢玩玩具，但孩子不是玩具设计师；肿瘤学家也不必亲身经历一次癌症。经过我们验证的、完全正确的想法确实会给人一种安全感，但是工作有时就是要让自己远离这种安全感，并且还要刻意接触别人的想法。

你的所见所想和信仰，与你服务对象的并不相同，要弥合这两者之间的鸿沟是个挑战，因为你服务的对象多种多样。唯一的方法就是去了解他们，你不能指望他们主动来了解你。

59. 电视行业为"某些人"而生

网络电视是有史以来最伟大的发明，成功打入了大众市场。1960 年到 1990 年间，在同一时间观看同一电视节目的人数达到

[①] 这句话是休·麦克李奥所说的一句名言，原话为"不要试图鹤立鸡群，远离鸡群才是上策"。颠覆了以往商业理论中"鹤立鸡群即为成功"的思维逻辑，被品牌营销界广泛引用。

了顶峰（可能今后也不会更多）。当时，美国只有 3 条主流电视网络，一个电视节目的实时收看人数达到 3000 万不是什么稀罕事。

但是受到所有人喜爱的节目，也就只有《盖里甘的岛》（*Gilligan's Island*，1964 年开播的热门美剧）和《三人行》(*Three's Company*，1977 年开播的热门美剧，《老友记》的前身）。

要说电视的黄金时代，应该始于 HBO 电视网和其他有线网络电视台开始创作出《黑客家族》（*The Sopranos*，1999 年开播的黑手党题材美剧）和《广告狂人》（*Mad Men*，2007 年开播的美国年代剧）一类的电视剧。但请注意一点，到《广告狂人》开播的时候，收看人数就已经降到三四百万人了。

要是在 20 年前的网络电视上播放时收看人数这么少，这部电视剧可能开播没多久就会被下架。

这些电视节目制作人和创作者在创作时并不是在考虑所有人，而只是考虑"一部分人"，他们想创作出让这一部分人感到骄傲的作品。虽然现在这些电视节目已经不再流行。

没错，得到大众喜爱，最受欢迎的电视剧集就是网飞公司的《办公室》（*The Office*，2000 年开播的情景喜剧）。但要是抱着让每位观众都满意的想法去创作，那么这样的大热剧集永远不会出现。

60. 避开不信任你的人

共情能力虽然很重要，但是不要试图让每个人都和你产生共情，这是很关键的。

对当代画家来说，他们要能够无视某些批判和蔑视，因为总有人还是想看古典静物画。同样，科技创新人士要学会接受那些还在用录像机的人，同时迈开步子将他们远远甩在身后。别把他们当回事，你的工作不是为了服务他们这样的人。

"这并不适合你"可能就是"没错，我做到了这件事"的另一种说法，不过人们不会宣之于口。

不信任你的人本身没有任何问题，他们没有人格障碍，智商也不低。他们只是对你所走的路不感兴趣，对你的工作领域不了解，或者不知道你的核心受众在关心些什么。

如果我们不能接受这一点，如果我们的注意力集中在得到外界的认可，那我们在工作的过程中肯定总会感到焦虑。从文化角度来看，做有意义的工作，同时得到每个人的喜爱，绝无可能。"做有意义的事"就是指你的工作能给人们带去不一样的影响。有这样几个选项：

（1）做平庸的工作。这种工作没人在意，可有可无，人们甚至都不愿花费精力去讨厌它（同时也意味着不会有人去喜欢它）。它平庸至极，几乎不需要任何创造力。

（2）你可以选择只为自己工作，不顾流派、市场需求、客户反馈。在这种唯我论的指导下，你可能每隔一段时间还能取得一定突破。但要是你需要和其他人进行高效合作，这种唯我主义方法是行不通的。

但你还可以选择相信自我。你有以下两个选择：

（1）做有意义的工作，得到某些人的认可。对某个流派深入了解，了解你的受众有怎样的梦想和希望。然后尽你所能，做到这个领域的最前沿，让人们都愿意追随你。从此做一个特别的人。

（2）专注于工作过程，不被任何规则束缚。因为你是在悬崖边起舞，铤而走险，所以你的工作不会让所有人产生共鸣，这很正常。伟大的事业不一定是受人欢迎的，但却是有意义的。

如果你在这段旅程中鲜与人碰撞出火花，你可能要想办法做得更好，拿出更多勇气，发挥更多共情力。一旦你学会观察，就一定能提升自己的技能。将努力融入实践，你就一定能产生自己的影响力。只要这是心之所向。

61. 可能你要更努力

如果你周围都是不信任你的人，那么原因很简单：你没有深入了解这一领域，而其他人做到了。

换句话说，你的作品没你想的那么出色——如果你的"出色"是指能让你服务的对象产生共鸣。

这也是实践的一部分。这不是受众的错，是你自己没有找对方向（尚未），你要认清这个事实。

你可以停下脚步，重新观察前进路上的岔路口。为了自己去创造艺术不失为一件光荣的事，你可以选择只拥有自己这唯一的受众。但这不是专业人士的做法，因为你没有为他人奉献的精神，你不是钩子上的面包。这样一来，你就只能关注自己和自己脑海中的想法，不会去为他人服务。

而在另一条路上，你会成为一个专业人士、一个领导者、一个分享自己创意作品的人。分享就是一种为他人服务的方式。

能走上这条路，证明你勇气可嘉，愿意慷慨分享。当你肩负责任，你就更能看清你的观众，鼓起足够勇气，产生共情力，从而创造出作品与他人分享。

62. 可能你在尝试一心二用

首先，你可以毫无顾忌地去做自己想做的事，仅仅为了自己。

其次，你可以为别人而创作，为那些你想去沟通并改变的人。

你可以选择这两个选项的其中一个，但是想要两者兼顾就不容易了，因为你在要求别人想你所想，见你所见。

大多数人都想一心二用——甚至在付出全部努力后，我们可以做到一心二用——但这并不一定能发生。

63. 售出 3000 台手机

通用魔力公司（General Magic）①创造了未来，但最终以失败收场。

在 20 世纪 90 年代的十年时间里，梅根·史密斯（Megan

---

① 通用魔力公司于 1990 年从苹果公司拆分出来，Mac 团队的大部分成员都在该公司工作。公司团队最初提出了"个人通讯器"手持设备，也就是现在的手机这一概念。

Smith)、安迪·赫兹菲尔德(Andy Hertzfeld)、马克·波拉特(Marc Porat)以及其他一些公司成员几乎发明出了现代智能手机的每一个元素：外形要素、用户界面、契约关系……

他们的第一台模型的销量正好就是3000台。

这个作品超前于时代至少十年，虽然生意以失败告终，但这个工作项目依旧是伟大的。

失败的原因就在于他们将希望寄托在大众身上。他们建立的组织声称要在一夜之间改变世界，但是他们的想法没有遇到正确的受众（包括投资人、媒体、用户），这样的经营方式终究不能长久。

这个项目改变了世界。正如威廉·吉布森（William Gibson，美国科幻小说家）所说："未来已经到来——只是没有分布均匀"。每一次的文化变革，都毫无例外会经历这种"不均匀"的发展道路。

64. 质量的三种定义

英语是一种指意非常含糊的语言，普通的单词通常有多个含义，这让人们总是会对正在讨论的话题产生疑问。"质量"（quality）就是这样一个单词。

在2月某个周六的晚上，纽约市中心将上演两部百老汇音乐剧，两个演出地点只相差几个街区。

一部是《汉密尔顿》（*Hamilton*），是极具开创性和传奇性的作品，质量的三种类型它全部符合。

另一部是新上映的《西区故事》(*West Side Story*),它只符合其中两种。

"质量"一词的技术含义由两位质量管理专家顾问提出,他们分别是爱德华兹·戴明(Edwards Deming)和菲尔·克罗斯比(Phil Crosby)。最初,"质量"一词用于汽车制造业,简单来说,质量就是符合规格,这是质量的第一种定义。

就 1995 年生产的丰田卡罗拉和劳斯莱斯银影两种车型来说,前者的质量要更好。因为丰田车的部件质量更好,即使是严格的公差(最大极限尺寸减最小极限尺寸之差的绝对值的大小)都能满足。丰田车驾驶起来不会隆隆作响,而且几乎不需要修理。

而在剧场里,"质量"指的就是演员表演时不忘词,剧场照明也符合标准。《西区故事》的舞台使用的就是最亮的照明、分辨率最高的屏幕,可能观众在其他地方都没见过这么好的设备。

从另一个角度来看,"质量"最直白的理解就是奢侈,这是质量的第二种定义。大多数人会觉得劳斯莱斯质量比丰田好,但这种"好"仅仅是指品牌代表的精英阶层,所用材料的高昂成本以及它所代表的一切与奢侈有关的东西。

百老汇演出绝对满足上述对"质量"的定义,毕竟一张票就要价 900 美元。和简单的约会看场电影比起来,百老汇演出一票难求,且花费高昂。

"质量"的第三种定义是本书想要强调的。这里的"质量"指的是创意的魔法。

尽管导演伊沃·冯·霍夫(Ivo van Hove)在《西区故事》上

投入了大量预算,但它依然缺少这种魔力,而在《汉密尔顿》这部剧中,这种魔力即使是很多年后也依然存在。

《西区故事》的每个演员都不曾忘词,在玛丽亚和托尼的最后一场戏里,布景里的雨下得恰到好处。这部作品经过了精心打磨,闪闪发光,价格不菲。

但艺术的质量不是这样衡量的。

如果现在要你从这三个"质量"中选择一个,第三个才应该是我们的最终选择。

65. "好"的四个类型

"它就是我脑海里浮现的东西。"(它对我来说很好。)

"一个特定圈子的人愿意接受它,欣赏它。"(它对一部分人来说很好。)

"我因为它得到了丰厚报酬。"(我很清楚它对我有重大意义。)

"它很流行,是个大热门。"(它引起了大众的共鸣。)

还有一种类型或许是你希望获得但永远无法得到的:得到每位评论家的喜欢。

第一种"好"指的是在你开始创作时,你能看到你想看的。这种"好"是必要的,但是对专业人士来说还不够。如果还把工作当作一种消遣、还只是为了自己,那这样的"好"对你来说也足够了。但对那些想获得更多影响力,从而改变文化的人来说,要走的路更长。

被特定群体接受并欣赏是另一种"好"——对大多数人来说其实到这里就够了。我相信所有想在工作中发挥创意的人都以此为目标。这是一个安全地带，因为周围的人都很在乎你的想法。你可以继续为了他们而工作。在这样的工作状态下，你不必一味地追求工作量。

《纽约客》那位成功的漫画家就属于这一类人，同样的还有火人狂欢节①上的表演艺术家，或是演出票常在蓝调②被一抢而空的爵士乐演奏家。几乎所有伟大的作品都属于这一种类。

若你追求的是第三种"好"，那你可能要花时间思考，因为你可能仅仅是一个雇佣对象。因为电视节目试播成功而得到报酬，将一家初创公司卖给一家大公司而获得佣金，这并不是你最初想要追求的理想。但换个角度来说，在如今这个一切都用金钱来衡量价值的世界里，工作并得到报酬可能也能证明你实现了目标。

最后这种"好"会让很多人在工作过程中分心，因为人们总想创造一个大热门。我们希望这个作品除了吸引核心受众之外，还能让更多人喜欢。它会登上畅销排行榜，会让人们排起长队，就像有4000万观众的TED演讲③一样。

这样的"好"很完美，但是很难界定，如果去追求这种"好"，

---

① 火人狂欢节（Burning Man）是由美国一个名为"Black Rock City, LLC"的组织发起的反传统狂欢节，为期8天，每年8月底至9月初在美国内华达州黑石沙漠(Black Rock Desert)举行。
② 蓝调（Blue Note）是国际最知名的顶级爵士音乐现场表演机构，于1981年创立于纽约，是爵士乐迷心目中的圣地。
③ TED（Technology, Entertainment, Design 在英语中的缩写，即技术、娱乐、设计）是美国的一家私有非营利机构，该机构以它组织的TED大会著称，这个会议的宗旨是"传播一切值得传播的创意"，诞生于1984年。

必定要经历挑战，因为有太多的人和你一样（参赛者众多，赢家却很少）。而且这种"好"在意结果，而非实践本身。

大多数时候我们的作品是不会一炮而红的，所以我们应该去做令自己满意的工作，即使最后没能成为热门话题。

66. 一个疑惑：流行的就是好的吗

我的朋友 J 正经营着世界上最成功的音乐厂牌之一，他的厂牌旗下有无数排名第一的热门歌曲。我曾经问过他这样一个问题：创造一首大热歌曲最难的地方在哪里？他毫不迟疑地回答："找到一首好歌。"

我问："怎样才算一首好歌？"

"会走红的就是好歌。"他直截了当地说。

《跳舞的猴子》（Dance Monkey）是澳大利亚歌手托妮·沃特森（Tones and I，艺名）的大热歌曲，音乐记者鲍勃·莱夫赛兹（Bob Lefsetz）最近写了一篇关于这首歌的文章。不光是在美国，这首歌在数十个国家都受到了欢迎。莱夫赛兹的文章收到了许多评论，大多数都是来自音乐界的领军人物。唱片公司的资深 A&R[①]人员、厂牌老板、制作人，等等，他们对这位歌手创作的歌曲都表示首肯。

你或许能猜到他们说了些什么。一半的人称让这首歌走红的功臣是托妮，她简直是不可多得的人才，未来可期。另一半人则

[①] A&R（Artist and Repertoire）是唱片公司里负责发掘艺人，企划、录制专辑，单曲发行和营销宣传的人员。

不屑一顾，主要是因为这首歌在他们生活的地方不算热门。

市场需要什么样的作品，什么样的作品值得你全身心投入，这两者之间有着巨大鸿沟。看着那些成为热门的作品可能会让你感到困惑，但要知道追求热门不是你的目标。

67. 销售不是易事

业余人士总是会感觉销售是从潜在客户身上索取——时间、注意力，最后是金钱。毕竟这就是汽车经销商带给我们的体验。

即使销售人员得到了报酬，这份工作还是让人度日如年，仿佛每天都在小偷小摸。

但要是你重新定义你的职业，去真正为他人解决问题，又会怎么样呢？给糖尿病患者开胰岛素的医生不是在卖药，他是在拯救生命。

若是一位汽车经销商卖给你一台车，能为你的家人提供便利，让你不用再开劣质的柠檬车，[1]那么他是在给你创造价值。

作曲家们努力工作，想让自己的歌在广播里播放——这首歌你可能从没听过——这就是在分享自己的工作成果，他们想要创造一首热门歌曲，让它的名字成为历史和文化的一部分。

销售这份工作需要人们充分发掘可能性、发挥同理心。你要

---

[1] 柠檬车（lemon）是美国汽车"召回"的产物，如果一辆车在短时间内反复出现小毛病，被送去经销商和汽修厂维修，那么我们就会称其为柠檬车。一般来说，一辆车连续检修维护 3～4 次以上则被视为柠檬车。

充分了解你所服务的对象，然后按照他们的需求提供服务。他们自己可能还没意识到需要你的服务，但是只要你们之间有了深层的交往，接下来就只会发生两种情况：一是你会知道你的服务不符合他们的需求；二是他们知道你创造的是他们一直希望得到的东西，是充满魔力的。

68. 销售其实其乐无穷

有没有哪个工作是人们都避之不及，甚至销售人员都在极力避免的？有，那就是打销售电话。

你是记账员，但是一整天没记账；你是医生，但故意不见病人。这简直难以想象。

但是销售……

许多人都很厌恶销售工作（与销售相对应的是订单处理，那完全是另一个种类），这没什么可大惊小怪的。

销售就是带来变化：让"闻所未闻"，变为"不，我不需要"，再变为"是的，我需要"。

销售可以颠覆现状，颠覆销售之前的世界。销售不是为了你自己，不是出于自私的原因，而是为了别人，让他们从你创造的改变中获益。

最重要的，销售是有意营造一种紧张感："或许""这可能行不通""我要怎么跟老板交代"……这样的字眼总能让人感到紧张。

为什么人们还会当销售,给自己营造紧张感呢?

但是作为创造者,"紧张感"就是我们要活用的东西。

我们在分享之前,首先要将我们创造的东西卖给自己。只有自己愿意买,才能成功卖给别人。

这也是为什么很多人都很难信任自己,因为他们在过程中付出的努力都不足以让自己信服。

但反过来,在你梦想创造更好的作品时,想要知道如何卖东西给自己,最好的方式就是学习如何卖东西给别人。

当你遇到困难,当你看到自己这枚齿轮在转动,当你听到人们对你的服务赞不绝口,自然乐趣丛生。

最终,一个成功的销售电话会让人加入你的行列。

69. 加入行列

别人加入你的行列,就意味着你们要一起走这趟旅程。

在《绿野仙踪》里,铁皮人加入了多萝茜的行列,一起去找巫师。铁皮人有自己的计划,有自己想要得到的回报,稻草人和狮子也是一样。

但即使这个队伍里每个成员心中都有不同的目标,他们还是在同样的行列里。在这段旅程中,他们心照不宣地扮演着各自的角色,遵守共同的规则,可能时间安排也相似。

只要人们加入了你的行列,你就可以放手去干了。你可以演奏音乐、创作绘画、领导一家公司……

在此之前，你忙着招徕成员，让大家安心，宣扬加入这个行列的好处。

大家加入之后，"你"就变为了"我们"。"我们"要出发去找巫师。"我们"要一起经历这个过程，走这趟旅程，完成这场演出。

对所有行列中的成员来说，我们需要做的就是指明前进方向。我们指向哪里，队伍就向哪里前进。他们知道前进的目标在哪里。

而对行列之外的人，我们只能说一句："抱歉，你不合适。"

70. 你不合适

《等待戈多》（*Waiting for Godot*）可能是我最爱的戏剧。贝克特[①]可以算是戏剧界的马塞尔·杜尚[②]，这部戏剧堪称他的大师之作。但是大部分人都不喜欢它。

观众们不喜欢这部剧，是因为他们不想在剧院花费两小时看这样一部作品，这不是他们想要加入的旅程，因为它和之前看过的、任何人们喜欢的戏剧都不一样。

这是否就意味着贝克特不该创作这部戏剧呢？还是只是意味

[①] 塞缪尔·贝克特（Samuel Beckett），爱尔兰作家，创作领域主要有戏剧、小说和诗歌，尤以戏剧成就最高，是荒诞派戏剧的重要代表人物，1969年获得诺贝尔文学奖。

[②] 马塞尔·杜尚（Marcel Duchamp），法国艺术家，是20世纪实验艺术的先锋，对第二次世界大战前的西方艺术有着重要的影响，是达达主义及超现实主义的代表人物和创始人之一。

着这部剧不能合所有人的胃口?

如果一部作品被很多人讨厌（而被少数人喜爱），表明这部作品是特别的，值得人们探索和讨论。

这部戏剧不受观众喜欢还有一个原因，那就是没有结局。人们总是关注结局，但这部剧讽刺的地方就在于它是完全关于过程的。这部剧一直在寻找可能的解决方法，这个过程给观众带来无尽的紧张、焦虑。

1956年，《等待戈多》在百老汇首次亮相，同期与之竞争的还有《庞德之心》(*The Ponder Heart*)、《春闺初恋》(*The Reluctant Debutante*)、《沉睡的王子》(*The Sleeping Prince*)、《危城谍影》(*Time Limit!*)、《太迟了，法拉罗普》(*Too Late the Phalarope*)、《特洛伊罗斯与克瑞西达》(*Troilus and Cressida*)、《威利叔叔》(*Uncle Willie*)以及《起床了，亲爱的》(*Wake up, Darling*)，等等。上述每一部作品都得到了热心人的宣传，他们都相信大众会喜欢这些作品。

人们总是渴望取悦大众，但是这种渴望妨碍了人们去做真正有意义的事。受众们想要的是大众娱乐，正常的体验，毫无负担地随大流。这是大众想要的，而我们的社会中已经充斥着这样的作品了。

所以，在经历时代变迁之后，其他所有作品都随着时间而湮没，只有没能得到大众理解的作品能够经久不衰。

实践要求我们努力影响一部分人，而非所有人。

71. 自私是选择

总会有人活在阴影中，有人得了好处扭头就走，还有人能赚多少就赚多少。

但这些并不是我们存在于这个世界的理由，就好像在马拉松比赛里作弊的那少数人绝不能代表所有参赛选手一样。

我坚持认为，如果你不信任你的自我，那么即使去做你力所能及的事也会有压力。因为你怕输，你想要抓住一切。

如果你认为自己在实践中付出的努力不能衡量自身价值，只有结果才能衡量，你当然会选择偷工减料或者坑蒙拐骗。

没有人生来就自私。从经济学领域来看，短期的欺骗行为几乎是不能给人带来任何益处的。但如果你摇摆不定，极力找寻可以立足之地，就会有股力量唆使你选择自私的道路。

对一个溺水的人来说，为了自身的安全，任何人都可以成为垫脚石。

72. 执迷于结果

今天温哥华的天气如何？可能你不知道，也不想知道。碲化物的粉层有多厚？同样，你不知道也不关心。

有那么一天，你关心的事物出现了。你计划周六去野餐，那天天气怎么样？要是下雨了，那不就泡汤了？

我们可能会花大量精力祈祷遇上完美的天气。我们也可以花同样多的时间提前遭遇坏天气，提前经历磨难，从而意识到我们追求的结果不一定会按照我们所想的方式到来。我们想要一个结果，简直是望眼欲穿，我们需要这个结果。

人们对天气的执着简直匪夷所思，这在人们谈论天气的时候显而易见。经过深思熟虑后，我们想出的方法就是顺其自然。无论天气如何，只要接受就好了，因为天气不会因为你的需要而改变。

但要是我们把这里的天气换成市场接受一个新项目的程度，那么会怎样呢？或者换成上司和评论家的想法？如果我们太执着于他人对我们工作的看法，我们就会从真正的工作中分心，转而去专注于控制结果。

73. 执迷是选择

执迷于结果，执迷于某些特定的人对我们下一步工作的评价，执迷于我们对自身所处地位的看法。

我们总是处在自由落体状态，而这种执迷让我们迫切地想要抓住些什么。

执迷就是在这个无处慰藉的世界上给自己找一个避风港。

但是我要告诉你一个坏消息，那就是我们掉落的深渊深不见底，但好消息是所有人都一样没有可抓住的东西。

一旦我们停止寻找借力，我们的注意力便会重新回到实践上来，回到真正的工作上来。

能够意识无处借力，这个认知便会成为你最大的底气。

只要在我们的领域内深入探索，与我们的受众交流沟通，不断追寻变化，这些过程就已经非常有意义了。我们脚下站立的地方是在我们的控制范围内的，只要我们想，我们随时可以去依靠实践的力量。

摆脱这种执迷不会让我们没有底气，相反，它给了我们底气。

74. 变成"为了"就好，很简单

当我们为了别人而工作，为了别人而创造艺术，为了别人而制造机会……这个过程中，我们很自然就会全身心投入。这是因为这份工作是我们心之所向。我们生性善良，因此为他人服务是表达我们同理心的方式。

有一次我到了一个小镇，准备去拜访一位朋友。我走进一家卖卡片的商店，问店家："您知道镇上哪里有花店吗？"（那是很久之前了，当时还没有Yelp软件[①]）。看店的伙计说："对不起，我不知道哪里有花店。"

但就在一个街区之外就有一家花店。

在我看来，当时那位店员很疲惫，他厌倦了接待旅客，厌倦了卖不出去的东西。因此他自认为做得很好，他可能觉得没有花

[①] Yelp是美国最大的点评网站，创立于2004年，囊括各地餐馆、购物中心、酒店、旅游等领域的商户。用户可以在Yelp网站中给商户打分、提交评论、交流购物体验等。

我就会买些卡片。

但要是有了花,我肯定会买张卡片。这位店员自私、唐突的举动最终让他一无所获。

当我们为了受众而工作,我们就不再执着于想知道他们如何看待我们的工作。他们的想法取决于他们自己。我们要做的就是慷慨地为受众工作,能有多慷慨就有多慷慨。

给你一个简单的提示:你多久会推荐一次你的竞争对手?作家之间会互相推荐自己的书,因为作家不想垄断市场,他们知道读者们读得越多,对作家来说越好。作家以及其他创作者们都知道,他们的作品不会得到每个人的喜欢。能热情地给别人提供一个替代方案,证明你已经展现出了慷慨的姿态,而不是在寻找借力。

75. 两项义务

第一项义务是针对周围人的,这一点博主罗翰·拉杰弗(Rohan Rajiv)能帮我们理解。只要我们相信自己不是一枚不起眼的齿轮(也可能是在我们成为不起眼的齿轮之前),我们就产生了债务。培养我们长大的人、教导我们的人、与我们有联系的人、信任我们的人,我们对这些人都有亏欠。只要是对我们有所期盼的人,我们都会有亏欠。

但是对他们来说,他们并不亏欠我们。没有人亏欠我们。就算别人真的亏欠你,你最好也不要表现出来,这样对我们来说更好。

认为别人对自己有所亏欠也是一种执迷的行为,是我们可以依靠的退路，是我们肩上的筹码，每当害怕时，我们就会去寻求帮助。

没有人一定要给我们掌声，给我们道谢。同样，也没有人欠我们钱。

如果我们的工作不是为了回报或者欺骗，而是为了和别人慷慨分享，那么我们就不会觉得别人对自己有所亏欠。

总是觉得别人亏欠自己，这种想法会让我们没法慷慨地工作。如果观众起立鼓掌是因为他们认为自己就该这样做，那这样的掌声不值得一听，也不值得人惦记。

这是因为工作中如果总是期盼回报，我们就会渐渐不相信自我，回到无止境地寻求保证，追求完美结果的老路上。我们认为自己需要保证，而只有外界的反馈和结果才能给我们保证。这会让我们禁不住望向镜中的自己，而不再关注工作。

表达感谢本身并不是问题，问题是觉得别人必须感谢自己。这是个陷阱。

觉得别人欠自己（无论真假）的这种感觉会让人上瘾。实践要求我们一定要拒绝这种感觉。

76. 艺术的慷慨

你在工作中发挥的创意会成为改善现状的机会。

创意为你打开一扇扇门，点亮一盏盏灯。创意让本没有交集的人有了联系，让文化与文化之间有了纽带。艺术会改变受众，甚至让一个个分离的个人变成"我们"。

艺术是一种行为，是人们去做一些可能没有结果的事，是让改变发生。

艺术是有意义的工作，为了关心它的人而存在。

艺术不是为了掌声，不是为了金钱。因为我们有能力，所以我们去创作艺术。

对于所有接触到艺术的人，艺术都会为你答疑解惑。艺术是去分享，它为人们点亮灯盏。这盏灯不光为你点亮前路，也让整个屋子的人都有了光亮。

其实，分享艺术的目的是服务受众。你已经对你创作的艺术有所见、有所想、有所体验、有所理解。但这还不够，因为如果你不与他人分享，你就不能制造改变，光取悦自己是远远不够的。

接下来，我们就要弄明白如何变得慷慨。怎样才能创作更多的艺术，更好的艺术，让人充满勇气的艺术。

去了解体系是如何运作的，受众有什么想法，如何才能成事，我们才能创造出艺术；提升自己的技能，在过程中投入更多精力，我们才能创造出艺术。

77. 敢问"为什么"的你很勇敢

在问"为什么"的过程中，我们学会了探寻事情的发展轨迹。问"为什么"也是一种愿意承担责任的行为——意味着我们也随时准备好接受别人的提问，说明从某种程度来说，我们有责任改变现状。

专业人士有能力回答你的"为什么",这也是专业人士的特征之一。只要我们享受工作的过程,在不断分享、反馈、提升的反复循环中,我们自然会对问题的答案有生动的认识。

"为什么"会激发我们的兴趣——每个"为什么"之后都会有另一个"为什么"出现,接着你慢慢就能理解工作中最基本的、首要的原则。

为什么精装书的封面会这样设计?

为什么演唱会要开两个小时?

为什么新公司需要一个办公室?

为什么喜欢古典音乐的观众不喜欢流行音乐?

即使提问和回答这两个行为都会让你感到不舒服,也要勇敢去问"为什么"。给自己点压力,去深入地了解某件事。这不仅是一种勇气,也是胸怀宽广的表现。

78. 如果知道自己注定失败,你会怎么做?

我们在开始行动之前,没有必要去了解实践中的细节。我们无法得到万能公式,因为万能公式根本不存在:公式都是以结果为支撑的。

某个特定结果并不是鼓励我们实践的首要动力。一旦我们痴迷于结果,就难免会去找寻一种工业模式,而不是真正创造艺术的方法。

我们的工作项目越是意义非凡，想在开始之前就确保成功就越困难。

开始前，我们可以问自己这样一个问题：如果最后失败了，这趟旅程还有意义吗？不管成功的概率如何，你是否对自己有足够的信心，能在过程中付出全部努力？

第一步，我们要将过程和结果分隔开来。

这不是因为我们不在乎结果，相反，因为在乎，所以更要专注于过程。

79. 朋克的实践

一个世纪以前，埃尔莎·冯·费赖塔格-萝玲霍芙（Elsa von Freytag-Loringhoven）成了最早的朋克艺术家，同时也是一位女男爵，她创作的一件作品在当时引起了轰动。

她在一家工业用品商店买了一个陶瓷小便池，并命名为《喷泉》（Fountain）。她的朋友马塞尔·杜尚在一次艺术展上展示了这件作品。

自此，《喷泉》永远地改变了艺术界。它代表了艺术的一种转变，从手工制作转向机器制作，从前摄影时代到后摄影时代。某种程度来说，因为这件作品的出现，美术作为一种工艺的时代走向终结。

多年来，杜尚因为这位女男爵的作品而得到越来越多的好评，反而她的名字几乎被人们遗忘了。但是她引起的轰动并没有到此为止。她开始作画，开创了行为艺术，终生致力于她的艺术实践。

杜尚这种偷窃行为是不可饶恕的，但真正值得人们注意的还是费赖塔格·萝玲霍芙对艺术的热情，以及持之以恒进行艺术创作的精神。

她选择生活在艺术中，去探索生活中未知的一面，去追寻已知以外的未知。

80. 选择奔赴

实践是一场旅行，旅行的终点是一间屋子。这间屋子里有各式各样的规则要遵守，有不同的人对你的期盼，有许多挑战要面对。

你能感觉到自己到了那间屋子，可能你之前来过。但在这间屋子里，你就像是要在空中连翻三个跟头（Salto Mortale）[①]，那是危险的一跃，就像空气稀薄喘不过气来一样。因为你既不在此岸，也不在彼岸，没有定数。

有些人会逃避这种感觉，因此他们想要找到万能秘方，想要保证，想要付出就有回报。

但是去探索这种不确定性，让自己在实践的屋子里创造，创造出一种不适，这才是实践的真谛。

[①] Salto Mortale 是德语，指杂技表演者在空中连翻三个跟头的绝技，可以用来比喻孤注一掷或者冒险之举。

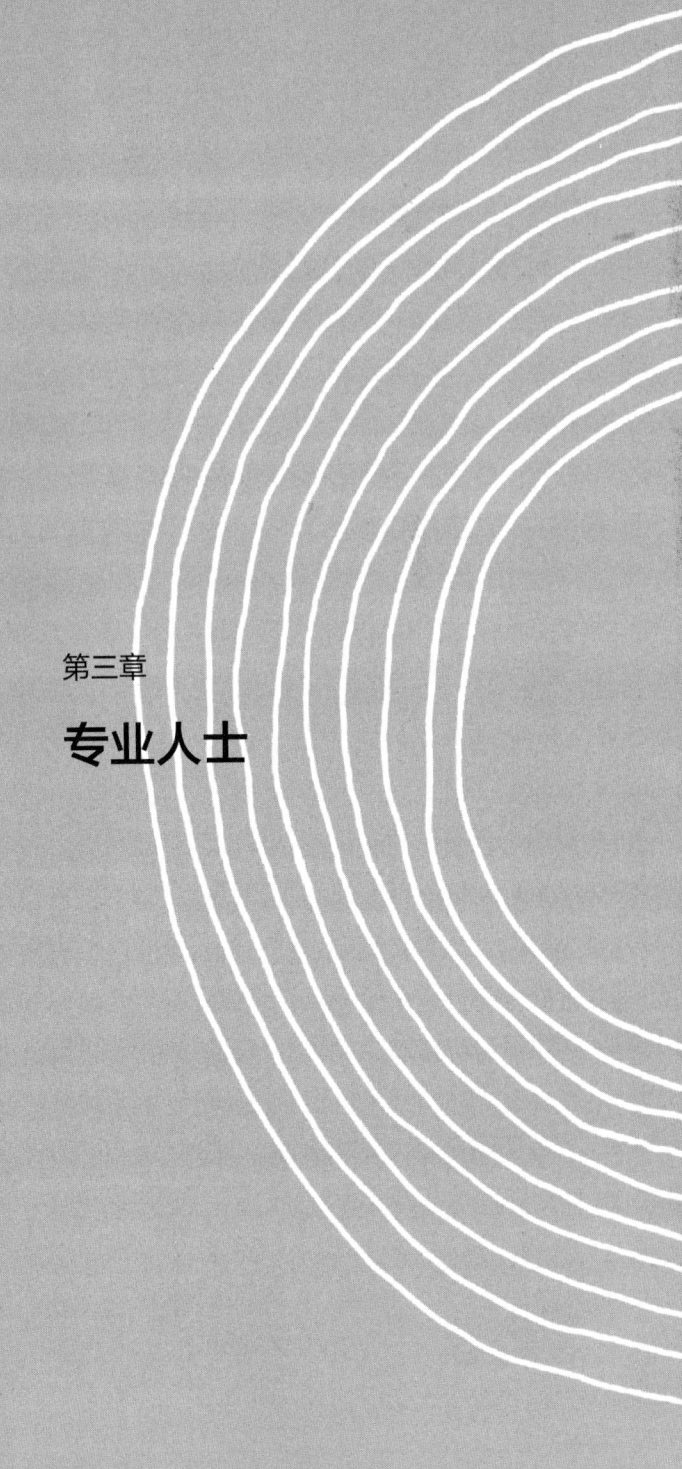

第三章
专业人士

81. 救生员也不确定

　　这里所有救生员都通过了水上安全指导员考试，甚至有的人还取得了加拿大救生协会的铜质奖章。[①]但对大多数救生员来说，这个夏天他们才第一次来到密歇根。每个人都很清楚，在海边总能找到比自己更强壮、更勇敢，又会游泳的人。

　　罗宾·基弗（Robin Kiefer）才6岁，但已经算是一个游泳老将了。那天海水很温暖，于是罗宾从家庭聚会中溜了出来，到海里嬉戏。

　　突然，罗宾沉了下去，他挣扎着浮出水面，却又再次被海水淹没。这时候，一位女救生员没有一点迟疑地跳了下去。这是她在救生员教育课上学到的：不管是不是确定有把握，不管有没有能力成功救人，你都要跳下去。先跳下去，然后完成你的工作。

　　她当然不确定，况且怎么可能确定呢？

　　救生员跳进水里不是因为她游得多好，也不是因为她确定能救起那个孩子。她跳进水里是在完成她的工作，因为她是离那个孩子最近、能够开展救援工作的救生员。在成为一名职业救生员时，

---

① 铜质奖章（Bronze Medallion）是加拿大救生协会的标志性救生员资格认证证明，需要救生员从判断、知识、技能、体能四个方面满足要求。认证者需年满13周岁。

她就承诺如此。

等罗宾的父母到岸边的时候,救生员已经将他救起了。他们没能得知那位女救生员的名字,但是她做的事他们几十年也忘不了。

这个故事其实挺讽刺的。50年前,罗宾的祖父阿道夫打破了仰泳世界纪录,以他的名字命名的公司卖出的救生圈销量最高。而罗宾现在之所以能活着讲述这个故事不是因为别的,就是因为那个并不确定的救生员,她只是救了一个需要帮助的孩子而已。

谁能确定地去做一件事呢?

但是,只要是做热爱的事,谁又能阻拦你呢?

82. 是的,你就是那个救生员

伦理学家彼得·辛格(Peter Singer)曾让人们思考这个问题:你穿着漂亮崭新的皮鞋走在上班的路上,中途看到一个小孩子脸朝下摔倒在一条小河里,你会踏进浅浅的水里救起她吗?

你当然会。

这时候没人会去管自己的鞋子,也没人会在意孩子的身份。这是你力所能及的事,所以你必须去做。

工作也是一模一样的道理,只是没那么戏剧化。

隐瞒想法就相当于是埋没了想法。当你有机会将自己的想法呈现给别人而你却选择隐瞒,这种行为是自私的。

83. 忧虑

如果事情可以解决,那你就不必担心;如果不能解决,担心也没有用。

寂天(SHANTIDEVA)[1]

忧虑就是寻求保证,有了保证我们才有信心前进。这是一个无止境追求承诺的过程:我们付出了这么多努力,一定要有个好结果。

没有关心就不会产生忧虑。就像没人会关心土星上的天气如何,因为没人会对土星的天气抱有期望。

我们每天担心忧虑,其实都是在想方设法控制难以掌控的事。

在可掌控的事上投入时间,这才是工作。这才是工作的焦点,才是我们效率最高的工作方式。

忧虑不会转化为生产力,因为它无法给人自信,即使可以,这种自信也不会持久。当我们在实践中摇摆不定的时候,忧虑会成为我们逃避现实的方式。

而保证是徒劳的。

原因显而易见:我们希望每天、甚至每分每秒都能得到保证,以此来建立自信,但这简直是贪得无厌。所以别再寻求保证,别再担心忧虑,你其实可以选择踏踏实实回去工作。

---

[1] 寂天论师(梵文 Shantideva),音译为善地嗏瓦,8世纪初,古印度那烂陀寺著名佛教学者,属中观应成派,为中观派晚期极具开创性的思想家,精通密法,是一位密宗的大成就者。著作《入菩萨行论》《学处要集》流传于世。

84. 自行车引发的问题

我在学骑自行车时遇到了困难。

你练习了多久?

大概 15 分钟。

学会骑自行车可能要花更多时间,也许要几个月。

我想学会骑自行车,但我不想摔下来,一次也不想。

哪怕一次也不?

我想学会蒙着眼睛骑自行车。

你见过别人这样骑吗?

没有,但这就是我内心的缪斯女神对我说的话,她说这是我应该做的。

好吧。

我还想用独轮车赢得自行车比赛。

这不可能。

别告诉我只有他们能靠这种独特的自行车技巧征服大批观众。

可能确实只有他们可以。

但这真的就是我要完成的任务,我要骑着独轮车打败所有对手,赢得大奖。

这个世界不会在意你的任务是什么,没人能给你保证。

85. 要不要承担责任

告诉人们不用在工作中承担责任,人们工作起来可能会更有劲头,这是个惯用的伎俩。也就是说,让人们去寻找天才的足迹,寻找神秘的缪斯女神。告诉大家静静坐着就好,总会有别人来负责任。

关于这个问题,我有上百个例子可说,这里就举一个例子。诺贝尔奖得主鲍勃·迪伦(Bob Dylan)曾说:"这样的歌好像是幽灵写的,它给了我这首歌,然后它走了,悄悄地走了。你甚至不知道它什么意思。它就是选中了我,让我来写完这首歌。"[①]在我看来,这是天方夜谭,因为这世上没有幽灵。迪伦一定是在跟我们开玩笑,要么就是在戏弄他自己。

我与许多成功的创造者们交谈过,这个过程有时会让我感觉不舒服。他们偶尔会想,要是直视灵感的源头,灵感是否会消失呢?

这个源头不难找,就是自我。我们走出了自己的路,那灵感一定是来自我们自身。当我们承担起责任,那也一样是靠自我,不是靠幽灵。就是你我,我们。

在工业体系的训练下,我们不自觉地选择逃避责任。因为如果你是责任人,就可能面临指责,有人指责你就意味着你可能会因为自己的所作所为而丢了工作。

---

① 源自罗伯特·希尔伯恩(Robert Hilburn)发表于《洛杉矶时报》(*Los Angeles Times*)的文章《这位摇滚乐的神秘诗人打开了一扇关闭已久的大门》(*Rock's Enigmatic Poet Opens a Long-Private Door*)。

但对我们中的某些人来说，最该做的是承担起责任。选择权在你，在我。这是我们做出的选择，我们抓住的机会，我们担负的责任。

这是我们的实践。

大多数人都缺少对自我的信任。从某种程度上来说，我们不够信任自己，觉得无法胜任工作，因为它太让人焦虑了、太艰难了、太冒险了……

一切有意义的事都要经过选择。

一切有意义的事都关乎技术和态度。

一切有意义的事都值得我们钻研。

实践就是选择、技术和态度的叠加。我们可以不断学习，反复实践。

不是因为我们有创造力才要去传递作品，相反，因为我们传递了作品，所以我们创意无穷。

至于神神鬼鬼，都是无用之物。

86. 技术和天赋不可画等号

什么样的人能改变世界？能有几个人有勇气地站出来说"我可以让世界变得更好"？

这种事不是普通人可以做到的，只有天赋异禀的人能做到。有人一遍又一遍地告诉我们天赋是神秘又稀缺的资源。有了它，一些人便可以去领导别人，而其他人必须温顺服从，被动接受。

但这让人困惑不解。

天赋与生俱来：它刻在我们的 DNA 里，是上天赐予的综合大礼包，神秘莫测。

那技术呢？技术是可以习得的。经过努力学习和实践，就可以习得。

如果对一位专业人士说"你真是个天才"，那是一种侮辱，因为技术才是他最首要的才能。大多数人都有天赋，但只有少数人有能力将天赋完全显露出来，或将天赋用来学习技术。其实技术比天赋更稀缺，因为技术是要习得的。只有真心想学，并付出努力，才可以学会一门技术。

如果将这种努力投入实践，你就能得到更好的回馈——获得更好的品位、判断力和个人能力。

用史蒂夫·马丁（Steve Martin，美国著名演员，曾获奥斯卡终身成就奖）的话来说："天才与我无关，我毫无天赋。"

87. 你能腾出一个小时吗？

想拥有好身材并不困难，每天花一个小时跑步或者去健身房锻炼，这样坚持六个月或一年，身材一定能变好。

这听起来并不困难。

真正困难的是成为每天都去健身房的人。

想要找到自己内心的声音也是一样的道理。工作方法、写作灵感、铅笔种类——这些都不重要，重要的东西很简单：相信自己，成为专注于过程的人，在过程中传递创意作品。

你每天都能挤出一个小时来洗澡、吃饭、通勤、看网飞、回复邮件、约会、划手机、读新闻、打扫厨房……

现在你只要匀一个小时来实践，创意之路便会在你面前展现。

你已经知道如何让自己有创造力。

你已经知道得到创造力的方法。

你曾经做到过，至少成功过一次。

至少一次，你肯定发表过深刻的见解，慷慨分享成果，提出原创想法。你至少曾经解决过某个问题，或是给别人指明前进方向。

实践之道就是要你将上面的事情重复多次，直到演变为真正的实践。

88. 请不要成为哈克

伦敦有一个自治市名叫哈克尼。几个世纪以前城市建设还不太发达的时候，哈克尼位于城镇的郊区，是一个专门养马的小村庄。

不是赛马或展示用马匹，就是普通的马，讲究性价比的客户需要的那种价格低廉的马。这些马匹质量是有保证的，但除此之外就没什么值得一提的了。

人们买这些马通常是为了帮出租车拉行李，所以这个地名也成了伦敦出租车的外号：哈克。

但现如今，"哈克"指的是从事艰苦乏味工作的人，他们的工作就是解构和模仿,几乎无法获得人们的认可。哈克没有自己的想法,做不了决断。哈克只会问"您需要什么?""我的收费得多低才能得到这份工作?"(或者"我能得到多少酬劳?")

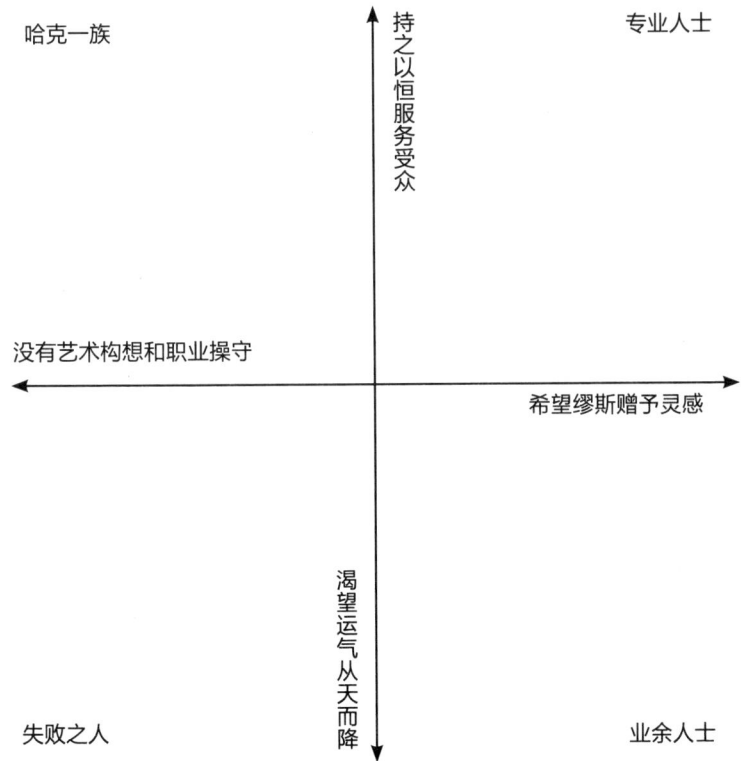

成为业余人士不是不可能(业余人士是让人羡慕的,甚至可以说是勇气可嘉的)。业余人士只需要考虑自己,即使有旁观者也没关系,你的作品依然只属于你自己。业余人士拥有在创作中得到快乐的权利和机会。

你也可以选择去实践，从而一跃成为专业人士。当缪斯女神不再赠予灵感，你就只能靠自己去思考；当你觉得事情不该如此，就应该提出自己的意见。这是你的话语权。

但是，请你不要成为哈克。当然，能找到工作总比失业好，但是为了工作放弃自己的标准，你很快便会伤痕累累。

一旦你意识到你不需要从天而降的运气，意识到任何愿意努力的人都能领悟实践之道，你可能会选择成为一个专业人士。或者你可以走另一条路，成为一个乐于钻研的业余人士。选择就像是前进路上的岔路口，不是向左就是向右。但专业人士就是专业人士，可不是开开心心赚些零花钱的业余人士。

89. 这不是悖论

但也不是简简单单就能做到的。

为了取悦受众而越界、摒弃自己的见解、漫无目的地工作和只关注结果的人，都是哈克一族。

另外，如果你不去深入观察，而以自我为中心去创作，那就无法与人们产生共情。如果不做出改变，就无法创作出艺术。是用慷慨的心态工作，还是只想要控制结果，专业人士把这两者之间的区别划分得很清楚。

破解悖论最好的方式就是去工作。

行动起来，规划时间，传递创意作品。不要执迷于结果，也不要寻求保证。

90. 不要成为哈克一族

她是故意的……当她发现她的音乐让人们念念不忘,她会更进一步。对,她是故意为之。事实上她真的做到了,她让人们牢牢记住了她的音乐。

——戴维·克罗斯比(David Crosby)

谈乔妮·米切尔(Joni Mitchell)

即使过了 40 年,人们还是会崇拜乔妮·米切尔,却几乎记不清同时期电台里放的其他音乐,这不是没有理由的。

艺术家们不会简单地从后视镜里观察,也不会人们要什么就给什么。在米切尔创造又一张现场专辑时,听众们开始对她提出一些要求。她开始仔细思考这个问题:难道人们会要求梵高再画一幅《星月夜》(Starry Night)吗?

她在接受《滚石》(Rolling Stone)杂志采访时说道:"你有两个选择。你可以一成不变,最初让你大获成功的是什么,接下来就延续这个模式。这种一成不变会让你遭受千夫所指,但即使你变了,也依然逃脱不了被指指点点的命运。但是,没有变化的生活枯燥无味,变化才让生活妙趣横生。"所以就这两个选择来说,她在最后很高兴地说:"我宁愿因为变化而被指责。"

所以,领导者能创造艺术,艺术家能去领导。

91. 慷慨不等于无偿分享

很多时候，市场会催促创作者提交作品。我们通常认为提交了作品，拿到应得的报酬，就是我们能做的最慷慨的事了。

但事实并非如此。

金钱可以支持我们投身实践。我们的工作有金钱回报，这证明我们是专业人士，也让我们集中精力和时间在工作上，让我们能够发挥自己的影响，建立更多联系，而不是起到反面效果。

更重要的是，在这个社会中，愿意付出金钱就代表着愿意和你并肩同行。有人愿意为你付出的宝贵时间和成果花钱，证明他们会更珍惜它们，愿意分享并认真对待它们。

慷慨并不是要我们免费分享，从而减少冲突。慷慨是要我们为服务对象带去勇气、热情，让我们彼此产生共情。对受众来说，可能还会因此感到紧张不安。

人们总是忍不住编造一个借口来逃避问题。"有免费的东西你还期望什么呢……"

但通常情况下，作品能得到丰厚报酬往往能带给我们更多收获，因为我们的工作是为了带来变化，而不是为了让我们失去存在感，劳而无获。

92. 寻找同行者

当今社会不再以工业为支撑，而是以各种关系连接起来，大多数人在追寻的东西实际上并不稀缺。现在人们工作时间一半以上都是在网上，寻找数字化的关系、娱乐以及联系。

那到底什么才应该收费？人们又会为了什么而付费？

如果你是领导，你要寻找愿意同行的客户，寻找能够这样说的人："我关注你、信任你，想和你共同前行。"

义务教育体制下很难找到这样的客户。这样的制度下，人们总是被迫处于某个位置，而不是出于自身意愿。他们是为了获得文凭而受教育（或是为了考取资格证），不是为了学习，也不是出于热情或受到吸引。

当我们能够慷慨地工作，我们就有机会赢得信任和关注，幸运的话，我们就能找到准备好和我们一同前行的客户。他们会迫不及待地付钱，因为我们提供的服务对他们来说是稀缺的、珍贵的。

93. 与众不同

英文单词 peculiar（独特）本意是私有财产，例如，你养的牛，除了你，没有人能支配你养的牲畜，因为它是私有财产。

你内心的声音就是最典型的私有财产。你的梦想、恐惧、汗水，都是你的私有财产——只属于你，与众不同。

在工业经济中，大多数人都要藏起锋芒。它由无数齿轮、可替换零部件和无休止的驱动力组成，每个部分都要尽可能让自己适应这个经济体制。

即使你想发声，也会有人劝你压低声音，因为要是有人想听你的意见，自然会主动问你。即使你想去改变，也要压抑这种渴望。

这实在是颠倒黑白。

如今，无法被取代的人才能创造出最佳的作品，得到最好的机会，他们才是关键人物，是人们常会想起的人。

我们欣喜地发现现在的经济体非常赏识独特的人，同时也领悟到每个人天生就有与众不同的地方。

做独特的自己是自然而然的事情，也大有裨益。

所有改变都来自与众不同的声音。当你不再停留于现状，将工作成果提供给有需要的人，你就是在展现你的独特：它是具体的、有个性的、行之有效的。

94. 选择客户，选择未来

大众喜不喜欢不是关键。当然，要是能受到大众喜爱我们也喜闻乐见，但要想取悦大众，就不得不去迁就平均水平。

因为大众就意味着平均。

要是认为自己追求的改变取决于受大众欢迎的程度，要是总想让作品成为大热门，我们的想法最终只会被埋没。

越平均，就越是索然无味。越靠近平均，就越会打磨掉所有有趣的棱角，让我们精神不振、兴趣缺失，也摧毁了自身发展的可能性。

奇普·基德（Chip Kidd）是非常成功的书籍封面设计师。其他设计师肯定也有和他相似的工具和技巧,那是什么让他如此与众不同呢?

因为奇普的客户更优质。

越优质的客户,对作品质量的要求就越高。他们希望你去挑战极限,希望你为他们赢来荣誉,希望你超出他们的预期。优质客户会按时付款,你和你的工作都会成为他们谈论的话题。

但想找到更优质的客户并不容易,主要是因为我们不够自信,认为自己不配得到更优质的客户。

在Fiverr、Upwork和99设计等零工网站上,所有注册账户的打工者都忙着找容易获得的客户。这些客户容易获得,但也容易失去,可能还不如现有的客户资源好。

几年前,我给一个双人组合制作过一张唱片,他们的歌唱技巧非常纯熟。他们卖命地工作,非常勤奋,完全投入在自己的艺术中。为了生存,他们一年有300天都在表演。他们住在一辆面包车里,每天开车去一个新的城市,在当地的咖啡馆表演,表演完后就睡在车里,这样日复一日。

许多城市都会有像这种咖啡馆的地方——你发了几张新唱片,想要表演而且要价不高,通常不费吹灰之力就能得到在这些地方表演的机会。

这样的咖啡馆就不是优质客户,他们来得快,去得也快,很快他们就会换新的人表演。

一个城市接一个城市表演很容易就能得到零散工作,但这其实是在浪费精力,会埋没你的艺术。在我的帮助下,这两位音乐人明白了这个道理。他们应该固定在一个城市，建立粉丝基础，多举办演出，接着再扩大粉丝群，然后可以在更好的场地演出，这样多次重复这个过程。

有了粉丝——他们可以大声说自己赢得了这些人的心，事业便会蒸蒸日上。

95. 伟大的建筑师在哪里？

在美国，持有执照的建筑师有超过 10 万人。他们大多数人是冲着一份工业化生产的稳定工作而从事这份职业的。经过训练，他们可以设计出牢固可靠、风格一致以及利用率高的建筑。

但是还有一些建筑师，他们选择了不同的工作模式。他们选择去创造、去创新、去挑战条条框框。他们会努力创造出令人惊叹的建筑结构。只要你曾见过这样一位建筑师设计的建筑，你肯定会对它印象深刻。

"优秀"和"伟大"的差距在哪儿？很简单：没有伟大的客户，就没有伟大的建筑师。

同样的，"伟大"的客户当然也不会中意只能做到"优秀"的建筑师。

如果客户需要的只是一个廉价、简单的建筑，那建筑师也很难设计出伟大的作品。但要是客户需要的是有重要意义的建筑，就不会雇用一位只算是"优秀"的建筑师。

很多人会因此埋怨客户，但努力争取更优质的客户也是一项艰苦的工作，要想成为一位伟大的建筑师，你就得发挥专业精神，去完成这项工作。

96. 优质客户的魔法

优质的客户要求更高。他们的交付期限更严格，但给的薪水也会更高。他们要求我们将工作完成得超乎寻常的好，但是态度更恭敬。他们希望他们能自豪地向别人分享我们的工作成果。优质的客户其品位也很好。

你心里知道，这个世界上是有优质客户的：你肯定看到过。

如何赢得这些客户才是关窍。

总是为劣质客户工作，即使工作越做越好，也无法为你赢得优质客户。因为劣质客户本身就不希望你工作精进。他们之所以成为劣质客户不是没有道理的，他们根本不想要更好的工作成果，他们只想要廉价商品，或赶一趟流行。他们偷工减料，也不在乎最后的交付期，还会刻意规避尝试新事物的风险。

成为某一领域的专业人士，成为优质客户需要的人才，才能为你赢得更优质的客户。在这个过程里，你没有同伴，前路曲折难行。这就像是玩抛接球——一次又一次抛出去，总有一天，你自然而然就能抓住。

第四章

意图

97. 意图很重要

你渴望带来哪些变化？如果你并不想改变某个人或某件事，为什么还会站出来发声或采取行动？

一旦想到自己的工作会改变某个人的人生，人们就会深感不适。我们会想，自己有什么权利左右别人的人生？有什么权利带着自己的意图出现？

如果没有任何意图，可能就不会有任何变化。如果没有任何意图，现状永远不可能改善。

实践之道由此愈发清晰：如果你想要带来变化，那么首先你得明确你想要促成哪些变化。在工作成果上署名，感受它给别人带去的影响力，这也是创造过程中的慷慨之举。

98. 有意图的行动就是明确设计目的

你想改变谁？

你想促成什么样的改变？

你如何知道自己的努力真能奏效？

这三个问题虽简单，但人们总是轻易忽略它们。

我们回避这些问题，是因为目的一旦无法达成，就是失败。

我们是带着目的去粉刷房屋的。要是粉刷工作结束，房子还是看起来很糟糕，那你显然刷得不好。但这种风险我们还能接受，因为几乎所有粉刷工作都是有回报的。也就是说，粉刷房屋这件工作通常是能看到成果的。我们早早就确定了粉刷房子的目的，是因为我们知道能看到成果，而不是仅仅为了乐趣。

如果这份工作有价值，那我们就应该明确工作目的。

一旦明确了目的，我们就有责任信守承诺。

99. 有意图的行动离不开共情力

我们不仅是为自己而工作，也是为了帮助他人，促成改变。

所以"谁"才如此重要。

我们如何粉刷我们的房子，和身处 5 000 英里（8046.72 千米）外的人没有一点关系。他们永远不会看到我们的房子，也不会与它有什么交集。我们粉刷房子不是为了他们。

如果你的伴侣想把房子刷成粉色，但是你的邻居讨厌粉色，这时候你就要做选择了。

粉刷房子到底是为了"谁"？

你或许可以让每个人都满意，但艺术创作不是这样的，它是勇敢者的尝试。

有些人欣赏不来概念艺术和现代艺术，所以理查德·塞拉

（Richard Serra）设计雕塑不是为了他们。

有些人认为昂贵的珠宝简直是敲诈勒索，所以蒂芙尼（Tiffany）设计戒指也不是为了他们。

我们努力想给服务对象带来改变，最有效的方法就是带着目的去工作。

100. 你的共情力有多强？

一些直觉敏锐的艺术家会只为了自己而工作，因为他们敢说只要作品能打动自己，就一定能打动他们的同类。他们完全不用与其他人产生联系，因为这些艺术家和他们的受众，即他们想改变的人，两者的品位和需求高度一致。

如果你也可以只为了自己而工作，那恭喜你，你属于这少数人的一分子。但是专业人士通常不会有这种奢望。

注意，这并不是一个关乎道德的选择，这只关于实践。如果你正投身实践的过程，你就需要做出选择。选择为谁而工作，为什么工作。你的服务对象和你越是不同，你就需要越强的共情力来创造改变。

101. 为谁而工作

我想让你知道这一点：你怀抱的期望不含杂念，你带来的改变至关重要，这些都能改善现状。

你可能认为只要每个人都加入你的行列,事情就会向好的方向发展。

但这种情况不会发生,因为不是所有人都会加入。

不是所有人都能听到你内心的声音,也不是所有人都会理解你的想法,甚至大多数人不会有任何反应。

但是在最后关头,总有人会被你吸引。不管怎样,他们也属于"所有人"的一部分。

总有一天,文化会因我们而改变。

但这不是因为你的想法传达给了每一个人,而是因为他们的朋友、家人或同事接受了你的想法。深远的变化往往就是这样发生的。

改变有其源头,但更多的时候并不是由源头直接造成改变。

102. 你可以影响哪些人

三个牛仔能放 1000 头牛吗?

无须多想,当然不能。

但是他们可以先放 10 头牛,这 10 头牛会影响另外 50 头牛,这 50 头牛又可以影响其他所有牛。

每一个影响深远的运动、产品或服务都是这样改变世界的。

因此,我们要忽视所有的"其他"。忽略掉大众,忽略掉那些以自我为中心的批评家,也忽略掉那些安于现状的人。

首先找到那 10 个人。他们对你的工作非常关注,愿意成为你的伙伴,与你同行。有了他们,就会有更多人加入。

103. 你不可能影响每一个人

但你可以选择去影响某些人。如果能让这些人的生活发生翻天覆地的变化,他们会将你介绍给更多的人。

所以,先从"为谁而工作"开始。

只要你选择向这个小群体讲述自己的故事,给这个小群体带去改变,他们就是你该关注的对象。

他们相信什么?

他们渴望什么?

他们信任谁?

他们持有怎样的观点?

他们会向朋友们说些什么?

在这个阶段,你的工作方式越简洁、越集中,就越可能让改变真实发生。

这其实又是共情力在发挥作用,实践中的共情力产生于创造这个过程,它能让你和你服务的对象产生共鸣。

104. 请进一步明确你的服务对象

陷阱是普遍存在的,我们想服务的"大众"就是陷阱。"大众"这个群体带着模糊的伪装,从众心理让他们缺乏判断力,"大众"的本质很难界定。

但是你要带来的改变至关重要,不该浪费在大多数人身上。

那么你的服务对象是哪些人呢？

准确来说究竟是哪些人呢？

他们的想法如何？谁曾经伤害他们、欺骗他们，让他们失望？谁能给他们灵感，让他们产生嫉妒心？谁能得到他们的喜爱，出于什么原因？

"选民"一词的含义并不明确，"来自西弗吉尼亚州农村的选民莱恩一家"才是明确的。

（一句旁白：如果明确服务对象这一点几十年前就人尽皆知，而且媒体文化也都知道要做到明确，那为什么个人创作者如此难以接受呢？因为要明确这一点，就必须承担责任，所以人们做不到。如果莱恩一家是我们工作的对象，但拒绝了我们的服务，那当然让人伤心欲绝。越是普通的工作看起来越容易做，虽然容易，但是效用甚微。）

持有相似观点的人会认同我现在正在做的事。

105. 为谁而工作

戴维·伯恩[①]的下一张专辑为谁而作？是为那些在1983年听着收音机里《烧毁房屋》（*Burning Down the House*）的听众，还是为买了他前三张专辑的铁杆粉丝？

[①] 戴维·伯恩（David Byrne），苏格兰音乐家、艺术家，活跃于电影、摄影、歌剧等领域。大卫·拜恩曾为影片《末代皇帝》创作音乐，获得1988年奥斯卡金像奖最佳原创配乐。

时装周为何而举办？是为了想在下周穿得时髦点的职场女性，还是为了吸引众多记者和潮流达人的注意？

演示文稿为谁而制作？它是否应该让与会的每个人都改变想法？或者它只是一种文件记录，以便半年后回顾工作时，老板能把它拿出来，告诉大家他早就提出警告了？那些情绪上头、和 CEO 争辩的书呆子，它能让他们也参与到会议里吗？

爱马仕铂金包是为谁设计的？谁会看福克斯新闻台？谁会给联合之路[①]捐款？谁又会为阅读空间[②]捐款？

你不能为所有人而工作。

好吧，这很明显。

你的项目、演出、组织又如何呢？它们的受众又是谁？

在知道为谁而工作之后，人们也会更信任自己，相信自己有能力也有责任给对方的生活带来积极变化。我们工作不是为了所有人，不是要去创造无可挑剔的作品，而是为了某个人、某种信念、某个群体。

一旦你开始承担责任，投入于你的服务对象，你们之间便可以产生共情，你可以为他们而创造。

[①] 联合之路（United Way）是全球最大的非营利性私人募捐组织，旨在增进全球社区福祉，关注教育、居民收入和卫生健康。
[②] 阅读空间（Room to Read）是前微软高管约翰·伍德（John Wood）创立的一家慈善机构，旨在为儿童提供更好的教育，尤其关注亚非国家女童教育。

106. 服务于工作

带着意图行动时，我们要搁置个人需求，首先关注工作需要。因为工作本身就像是客户，我们需要满足它的要求。

这个过程可能会超出我们的控制。一旦发现自己失去平衡，无法维持努力工作的状态，工作就必然会受到波及。

但是我们总是会走向另一个极端，渴望建立自信和自我满足，反而忘记了初衷。

工作是你的客户。它给了你机会，让你能去促成改变。在工作中得到报酬这件事可能会让我们困惑，因为这让我们觉得自己的服务似乎就值一张支票。但其实只有哈克一族才会赞同这种想法——这几乎不可能让我们完成初衷。

工作所需和付我们薪水的人所需不对等，两者是矛盾的。如何在两者之间周旋也是创造艺术的一部分。

一方面，自我，你的自我，会对未来之事设立一个愿景。另一方面，你想要服务的对象、想要领导的队伍，会对你的工作有一系列的期望和需求。这两方面内容永远无法保持一致，但两者之间的摩擦会让你在工作中茁壮成长。

如果有人需要一个钻头，你可以递给他。但如果有人想要探索一个新的领域，他们就需要我们的帮助，帮他们找到一个创新的方式前进。这样你的想法就能施展，你的努力就能闪闪发光。

为了产出更好的作品，我们需要不断鞭策自己，在这个过程中，我们会发现有更热切的客户想要加入,在我们的带领下开启一段新旅程。

107. 部分人,不是所有人

如果你正在制作一把低音吉他,或是在种一盆兰花,或是在卖一辆电动 SUV,何必把所有人的想法都考虑在内呢?

那些真正对你敞开胸怀、愿意加入的人才是你该关注的。

你需要考虑的是部分人,不是所有人。

如果你已经有了一群信任、拥护你的人,如何才能将最好的工作成果呈现给他们?别让自己向平凡庸俗的事物妥协,想想如何让这个小群体激励你,让你向其他方向发起挑战。如何能创造更好而非更多的改变?

事实证明信任你的人不愿意被你忽视,他们殷切希望自己能够给你加油打气。

但首先,你要远离其他无关人等。

108. 跨越经济界限

想想为大学募捐是多么困难的一件事。你自己的工资才刚过最低薪资标准,但是要忙着从亿万富翁那里募集两百万美元。

你在向他们描述那栋将以他们的名字命名的大楼,心里却想着,"这简直是天方夜谭。要是我有 200 万美元,我绝不会花在一栋以我名字命名的建筑上。"

这是一种自私的想法,是因为你缺乏共情力,也缺乏经验,不能设身处地从一位亿万富翁的视角去思考问题。

更开放性的想法应该是这样:"这个人是亿万富翁。他不缺玩乐之物、不缺住处,甚至想要什么飞机都能拥有。但是可能他还需要地位,需要流芳百世。在接下来的岁月中,一代又一代积极进取、前途无量的年轻人都会将他的名字挂在嘴边,这可比现在他拥有的任何东西都要意义重大。对他来说,200万美金都算是便宜的了。"

从这个角度来看,我们的犹豫其实是一种逃避行为。因为恐惧所以逃避,因为我们无法从对方的视角看待问题。

现在我们想象另一种完全不同的情况,假设有一位社会企业家,他想将太阳能电灯和清洁水源带去一个没有电网的乡下村子。在他看来,人们绝对无法拒绝这两样产品。每家每户每天只需花费不到1美元,就可以享受清洁水源,避免喝了脏水而生病,还能节省一家人来回打水的时间。同样,一户人家一个月花在煤油灯上的钱,可以用两年的太阳能电灯,而且光源更亮、更清洁,还能给手机充电,简直令人难以抗拒。

但事实不是这样。

甚至几乎没几个人愿意花钱买。因为对村民们来说,这位企业家没有从他们的视角看待问题。

也许是因为对一项新技术太过恐惧,所以他们犹豫,想等邻居先买了用用看。

也许是出于对父母和其他长辈的尊敬，不想这么快打破村里的传统。

也许是因为做"第一个吃螃蟹的人"会让村民们感到不舒服，又或者这个"第一人"的身份根本算不上重要，不仅会显得自己愚昧和鲁莽，而且还会降低自己的地位。

在传递创意作品的过程中，我们需要真切地去聆听、去深入了解我们服务对象的所思所想。在确实理解他们的想法之后，我们需要做出选择。我们可以选择与之共情，为了他们的梦想而工作；或者我们也可以选择放下，因为我们的服务不适合他们，然后继续为了其他适合的人而创造。

想促成改变，就不能只为自己工作，要相信过程的力量，因为过程能让我们在为他人服务的过程中创造。我们需要在实践中共情，它能让我们意识到其他人与我们看待世界的方式不同，我们想要的也并非他们心中所想。

109. 下一个问题：为什么工作

一旦我们开始促成变化，做出决断，选择好为谁而工作，接下来就要面对另一个简单的问题，如果不弄清这个问题，我们就会反复碰到它。

这个问题就是，这一部分工作是为了什么？

工作是有意图的行动。

每个部分都有目的。如果你连目的是什么都不知道，你又怎么能通过工作抵达目的地呢?

还是一样,逃避"为什么工作"这个问题,含糊过去,是很容易的。如果你事先确定了事情的发展规划,但事情发展并不符合你的预期,你会很容易产生一种挫败感。

举一个极端的例子,工程学院有许多天才建筑师,他们会很自信地告诉你这座桥绝对不可能坍塌。因为这是数学,不会出错。

与此同时,写作圈里总是有很多新人小说家,他们不确定自己的作品是否会成功。这是因为文学作品不是数学,因此我们在设定目标的途中很可能会走弯路。

但不能仅仅因为不确定,就不去尝试。

110. 工程师知道的事

每件事都有其功能。桥梁上、飞船上的每一个部件都有其存在的原因,即使仅仅是为了装饰。

当美国国家航空航天局(NASA)的工程师们为阿波罗火箭合算有效载荷时,他们心里非常清楚要加还是要减。

每个部件都有一定的重量,都要占用空间。如果没有完美的理由,任何东西都不能安置在登月舱上。

有意图的行动需要一个完美的理由。找到那个"谁",做出决断,开展工作,实现承诺。

只有先知道自己想要完成什么,你才能找到这个完美的理由。

111. 简单的例子：接待员

每天都有成千上万个前台接待员在工作。

他们坐在一张桌子后面，欢迎来访者，千篇一律。

他们为什么要工作？

毕竟我们已经有蜂鸣器、手机，公司内部也有电话网络，实在没必要安排一个人整天坐在前台。

想做一个漂亮的前台接待员很容易。本质上来说，你就是一个穿着漂亮衣服的保安。你需要坐在桌边，确保来客没偷东西，也确保没有保安跟着的情况下打开不该开的门。

但如果你想做一个优秀的接待员，该怎么做呢？

如果我们从"为什么工作"的角度定义前台接待员的工作，那想成为一个对公司有很大贡献的人就很简单了。

首先你要明白，除了确保来客没有打开不该开的门，接待员其实会对整个组织的营销产生很大影响。如果有人来办公室做客，那一定是出于某个原因——为了销售、购买、采访或是接受采访。无论出于什么目的，其中总会有人与人的交涉。如果接待员可以影响来客的想法，就会有好事发生（如果没把握好，也可能搞砸）。

如果第一印象让人记忆深刻，工作接受度是不是就会更高呢？如果接待员热情欢快地打招呼，税务稽查员是不是就会更友好呢？

所以，一个优秀的接待员可以先试着表现得像公司副总一样。他们可以申请一小笔预算，为客人准备一碗 M&Ms 巧克力豆，或者偶尔为脾气暴躁的来客准备一根能量棒，或者真的想要让人叹服的话，也可以每隔几天烤一些饼干。如果是我的话，我会和来公司的每个人寒暄。"欢迎光临，米歇尔先生。从图森飞到这儿一路上还顺利吗？"

接待室里有电视吗？何不播放一些经典剧集，如《活宝三人组》①和《囚徒》②。

或许你还可以做一个小巧的标示牌，这样客人就不用开口询问厕所在哪儿。

没有访客的时候，你可以把握住机会，上网找找公司最近的正面消息，将它们整理在一个小文件夹里，以供来客等待的时候翻看。或者你还可以制作一些拼贴画，将公司同僚们最近在当地机构做志愿服务的照片贴在一起，以供访客翻阅。

我就曾经遇到过一位非常棒的接待员，她会口头告诉你一些内部消息，帮你在进门前就做好和对方见面的准备。"你知道唐上周新添了一个小孙女吗？她真是太可爱了，她的名字叫贝蒂。"

既然我们已经明确了接待工作的目的，那么完成好这份工作就容易多了。

其实接待就和所有其他事情一样，不仅仅只是一份工作，它的存在有其意图。

当然，这其中也有许多反对意见，大多数还是归结到信任这件事上。要么是你的老板不相信你能超出平均水平，但更有可能

---

① 《活宝三人组》（Three Stooges）是1930年上映的美国电视剧，幽默风趣，深受观众喜爱。
② 《囚徒》（Prisoner）是1967年上映的美国电视剧，是一部高人气科幻剧集，后多次被翻拍。

是接待员不信任自己,觉得自己无法胜任这个职位。

112. 欢迎来到绿色磨坊

闭上眼,想象自己在芝加哥一家地下酒吧,那里气氛绝好。可能你第一个想到的就是绿色磨坊(Green Mill)。这家酒吧的每一个角落都能满足你的期望,甚至连装饰陈设都泛着金属光泽。

但每到周一晚上,酒吧会有一些改变。到晚上九点的时候,酒吧经理会走上小舞台,提醒客人们保持安静。大部分来客已经知道接下来会发生什么——有些人甚至从孟买远道而来,就为了听帕特里夏·巴伯(Patricia Barber)[①]和她的三重奏乐团表演爵士乐。

对于初来绿色磨坊的客人来说,只需明白一点:周一是帕特里夏之夜,如果你不是想来听音乐的,随时可以离开。因为在接下来5个小时里,一部分人可能会就音乐密切交谈。他们会在现场观看这个顶尖爵士乐团用音乐旋转跳跃、大胆冒险。

像帕特里夏这样传奇的爵士乐手可以让纽约爵士俱乐部"爵士标准"(Jazz Standard)的门票一抢而空。为什么她要在芝加哥的一家小酒吧表演呢?因为走进这家酒吧听她演奏的可能有百十来个人,而他们每到周一都会来听。

帕特里夏说这里就像是她家的客厅,来这里的都是她的朋友。没有观光游客,没有人想在这里偶遇明星,只有热爱爵士乐的人。

---

① 帕特里夏·巴伯(Patricia Barber),美国爵士歌手,极具个人风格和特色。

他们和她走在同一段旅程上,她愿意带领他们前行。

在绿色磨坊,帕特里夏不必担心会出错,因为不会有人将她的演奏拍下来放到社交网络上。她也不必缩短曲子时长,不必只演奏欢快的曲子,也不必只弹奏主流的曲子。

帕特里夏来这里纯粹是为了音乐,来这里的听众也是一样。

我们首先要做的就是将"为谁而工作"和"为什么工作"统一起来。来到这间酒吧里的人是帕特里夏工作的动力。她可以在这里创造音乐,因为她创造出了可以滋养音乐的一切条件。

113. 举六个简单例子来说明问题

这辆昂贵的自行车为什么要用碳纤维做车轮?
这本杂志的广告为什么要用这个标题?
这台文字处理器上的保存按钮有什么作用?
机场为什么要广播安全警告?
报纸上为什么要有"读者来信"这个版块?
郊区豪宅前为什么要有大片草坪?

如果你仔细考虑这些问题,你会发现人们创造的许多东西、遇到的许多事情都和想象中不同。

事实上,昂贵自行车的车轮就是为了告诉购买者,他的钱花对了地方。或许它会发出响声,或者是样式奇特,也可能它精巧美丽。当然它也可能骑起来更快,比别的自行车更结实耐用,但这些都不是必要的。

杂志广告的标题是为了让目标读者继续读下去（并让非目标读者翻页）。除此之外，设计标题的目的是引导读者进入合适的思维状态，以便在文章下一段有机会直击读者内心。

机场广播是为了让乘客们熟悉环境，不是为了引起注意。广播只是为了提供一种背景声音，让机场更有机场的感觉。又或许这些广播是为了能给官员们提供拒绝的理由，或者让他们有理由采取行动。

报纸设计"读者来信"版块，就是为了制造一个假象，让读者以为编辑很在乎读者的想法，那些喜欢给编辑写信的读者尤其如此。

常见的郊区豪宅门口都有大片草坪，它的存在就是一种故意浪费。草坪毫无用处（且昂贵）的本质正是主人想要展示的东西。

114. 文字处理器是否应该设置保存按钮

如果软件设计是为了让新用户感到舒适，那么新软件就应该和用户熟悉的软件保持相似性。保存按钮就是在给新用户一个保证，让他们使用时放宽心。

但如果设计是为了给忠实用户解决文字处理上的问题，那保存按钮就不该存在。因为文字处理器是让人们写作的工具，而保存是写作中的一个重要环节。现在的软件本身已经足够智能，可以自动保存了，硬盘也非常便宜，用户保存数百个版本都没问题。

因此，用户不应该再在保存文件这件事上花费心思。

再进一步，软件设计的"意图"可以面面俱到，而且思虑周全，让用户忍不住想要和周围人分享，这完全合理——软件的设计本身就是一种营销手段。这种情况下，软件和用户的每一次交流，都能体现出软件设计的"意图"非常智能，而且强大。

不止如此，它还创造了一种分享的动力，能吸引其他的用户。软件越做越好，正是因为有很多人去分享这个软件。

像这样的文字处理软件，要么就流于普通，大多数情况可能就不见踪迹了；要么就会让文字以愉快的方式传播，让人与人之间产生联系。

两种不同的道路，每一条路都需要思路清晰的设计师来带领整个项目团队，走在最前面，明确告诉大家下一步怎么走。

115. 等等，舞蹈表演这样的艺术类工作也一样吗？

软件工程师会经历"为谁""做什么""为什么"的反复过程，这很好理解。但是那些选择在艺术领域工作的、敏感的人又怎样呢？

一百年前，索尼娅·德劳内（Sonia Delaunay）就以现代艺术家的身份闻名于世。作为奥费主义派绘画的先驱，她改变了人们看待现代艺术中颜色和几何图形的看法。她跳出了自然主义绘画和传统绘画的标准，开始将立体主义和颜色结合起来，给美术界带来了变化。

"大约在 1911 年，我想用零碎的织物为我刚出生的儿子织一条毯子，我曾在乌克兰一家农户里看到过这种毯子。制作完成后，这些布料的排列让我想到了立体主义这一概念，然后我开始尝试将这种制作方法应用于其他物体和绘画。"

她为了创造变化付出了多少努力？这是人们无从得知的。她选择脱颖而出，而不是去适应环境。她创作绘画作品不是为了取悦那些怀疑论者，而是为了愿意和她同行的人，为了和他们一起探索未知。她工作的领域如何，谁会对她的作品感兴趣，哪里能让人们看到她的作品、欣赏她的作品，她对这些都有深入了解。

和所有工程师、建筑师和软件设计师一样，德劳内也是带着意图去工作的。

116. 无止境的情感索取

桃蒂·菲尔茨（Totie Fields）火冒三丈，她把所有怒气都撒在我和我母亲身上。

单口喜剧不是那么容易的事。如果你还是位女性，又身处 1973 年那个时代，就更是如此了。

1973 年，桃蒂已经是美国最出名的女性喜剧人，能在卡罗尔·伯内特（Carol Burnett）的节目和深夜脱口秀[①]里演出。她得到了一

[①] 《卡罗尔·伯内特秀》（*The Carol Burnett Show*）是由著名女主持人卡罗尔·伯内特主持的脱口秀节目，曾在 2015 年被美国《好莱坞报道者》（*The Hollywood*

次演出机会,能在我的家乡水牛城② 一个大舞台上表演。于是我母亲就带着我去看了,接下来发生的事情是她万万没有想到的。

这次桃蒂的表演和电视上播出的完全不一样,有些少儿不宜。如果以现在的标准来看,我当然觉得没什么,但是我母亲却大惊失色。演出开始20分钟后,陆续有家长带着孩子们走出剧院,于是我们也准备离开。

就在我们快走到出口的时候,菲尔茨停下了表演,大喊道:"把剧院里的灯打开。"

就像越狱剧里被聚光灯照到的逃犯一样,我和母亲就那样僵在原地。

接下来几分钟里(虽然对我和母亲来说像是有一小时那么长),桃蒂对我们大家指责,说我们不理解她的表演,不知她为此付出了多少心血,说我们不坐着看完整场表演是多么无礼。

桃蒂·菲尔茨想要剧场里的每一位观众都能感同身受。

这当然错误的:你不能要求每个人都想你所想。

我们能做的,就是从合适的意图出发,选择合适的观众,为他们提供需要的服务,至于我们的工作能否改变他们的情感状态,应留给他们自己去判断。

我们首先要信任自己,接着要信任我们服务的对象。

有了信任,才能得到成倍的回报。

Reporter)杂志评为"最受欢迎100部美国电视剧集"。
② 布法罗(Buffalo),又称水牛城,是美国纽约州西部伊利湖东岸的港口城市,纽约州第二大城市(纽约市是第一大城市)。

117. 恐惧与缪斯；作品与服务

人们总是禁不住去逃避"意图"。

事实上，如果有人拒绝回答"为什么而工作"，最诚实的理由就是"因为恐惧"。

而恐惧也是问这一问题最好的理由。即使我们认为工作是出于某个目的，但如果这个目的只是表面上的，我们还是在逃避真正想做的事。

逃避有很多形式，因为如果我们太过靠近，创造力反而会消失。因此，你会发现创造力像火苗一样随时可能上下跳动、忽明忽暗，甚至会熄灭，让你看不见它。

开会的时候只想着玩乐，或者不想面对工作，这没什么不对的。但是如果弄明白"为什么而工作"，就能加强你和别人在工作领域内的联系，增强彼此信任，这时候你还选择坐在后排不和任何人沟通，那就只能说是失败。

反复问自己"为什么而工作"，这能给你工作的动力，帮你向着目标高效前进，在任何关键时刻你都可以问自己这个问题。

它也能让我们敞开心胸，接受有效反馈。

如果你想去亨茨维尔（Huntsville，美国亚拉巴马州北部城市），你完全可以去问问路。如果有人告诉你走错了方向，这也不是冒犯。这个回答不是针对你，也没给你带来什么伤害。这只是一条有用的建议，只是在告诉你该去哪里。

如果你连想去哪里都不告诉别人，那一切都无从谈起。

118. 直面矛盾

一方面，我们要忽略结果，比如票房如何、知名评论家看法如何。因为如果痴迷于结果，我们就会从过程中分心，失去前进动力，最终耗尽创造的意志。

另一方面，好的作品和不好的作品之间真的相差甚远。我们的努力是有意义的，我们渴望促成的改变，其中包含着对别人的同理心，而不只是以自己为中心，随心所欲地行动。

这种矛盾是我们实践的核心：我们必须与之共舞，不能假装它不存在。

119. 潜意识的事先过滤

我们很可能觉得自己的想法来自灵感缪斯，工作只是在此基础上丰富这些想法。另外，我们觉得成功人士运气都很好，因为缪斯女神总是给他们提供有用的、强大的想法。

但我不认为成功人士真的是这样的。每个人都能从各种途径得到源源不断的想法、观念和灵感，而成功人士总是会无意中忽略那些不太可能奏效的想法，他们会集中在更值得推进的工作项目上。

有时候我们把这称为有好的品位。

这其实是一种潜意识的事先过滤，你也可以让自己在这个过程做得更好。你可以以张扬大胆的方式，将所有需要的元素列出来，甚至可以向别人说明你的世界是如何运转的。

本能的力量是伟大的。当你发挥本能时，会有意想不到的收获。

120. 明确工作目的

下午四点我们要开个会。

好的，为什么要开会？

呃，这不是一直都开的例行会议吗……

所以，这次会议的意图是：与其冒着风险取消会议，维持现状召开会议更容易。至于为什么要召开这次会议，可能就是为了确保想要开会的人不失望。

121. 带着意图，保持设计优先心态

专注当下是健康的心态，也是专业人士的做法，它能帮助我们展现最好的自我。

想要做到专注当下需要排除万难，尤其我们身处的文化总是想先让人们忙起来，而不在乎别的东西。

但是专注当下并不是忙碌的反义词。

专注当下也需要意图，其实就是让我们只集中于工作。不要说三道四，不要东拉西扯，不要畏畏缩缩。

只需要做好自己的工作就可以。

想要专注于当下，最简单的方法就是明确工作目的。如果这

个目的需要通过某个过程才能达到（在我们可控的范围内），我们就应该致力于这个过程，别因为其他不确定因素而分心。

不久前，我从一位名叫吉娜的读者那里收到一条留言，上面写道："2016年我读了你的书《如何面对低谷》（*The Dip*），就我个人而言，它让我认识到我创业就是为了有时间成为一名作家。于是我舍弃了所有中间环节，将全部精力投入写作。不到两年，我就成了全职的自由撰稿人，专门研究、核证与孩子和成人相关的问题。"

这个故事告诉我们一个简单的道理：将注意力集中在工作目的上，就可以回到正确的工作轨道上来，做你一直想做的事情。

带着意图，我们才能创造出最好的作品。

122. 为了什么而工作

我们策划了一个新的广告活动。

太棒了，为什么要举办这个活动？

我们请到了知名演员，商品换了一个新商标，等你过来听听配乐就知道了。

当然可以，听起来挺有趣的，似乎也投入了很多精力，但是为什么要做这次广告宣传？

就是为了让更多人走进商场。

这么说我就懂了。现在想想这个活动怎样才能达成这个意图吧。

123. 孩子们无法理解的问题

嘿,小朋友,你为什么哭呀?为什么要发脾气呢?

孩子是说不出个所以然的,毕竟还是孩子,但孩子不会说假话。

不专注于当下的人有一些标志,他们会对所有事情有反应,会攻击别人,会漫无目的、毫无章法地浪费时间。

每个人都至少曾带着一点意图来开展工作。现在我们要抓住机会,把这种偶尔的活动转变为日常行为。

我们可以反复用下面这些简单的道理来审视自己:

(1)这是在实践。

(2)实践是有目的的。

(3)我渴望创造改变。

(4)改变是为了特定人群。

(5)怎样才能做得更好?

(6)我能否坚持不懈,直到可以重复这个过程?

(7)重复再重复。

124. 为什么要这么做呢?

美国运输安全管理局(TSA)的规定非常明确:禁止将腰带和手提电脑放在同一个箱子里。

这当然很容易做到,但是为什么要这么做呢?

是为了让飞行更安全。

真的吗？为什么不在箱子里放腰带就能让飞行更安全？

其实是因为这样做可以营造一种服从心理，让人或多或少产生焦虑感，这能让人们在飞行时感到更加安全。

啊，原来是这样。既然如此，那就继续这样做吧。

125. 真实是一个陷阱

有些人会通过一个简单的方法来寻找信任这一状态：向别人诉说真情实感。分享内心深处的想法，做自己，最重要的是真实。

这不仅不可能做到，而且到头来只会让你心碎、失望。

你即将说的话、做的事、写的文字，都不是真实的，因为你是在有意与别人建立联系，想要付出努力从而获得回报。

一位政客得罪了整个屋子的人，毁了自己的职业生涯，他可能会说他只是在做真实的自己，但是走到这一步的过程中他做出的所有选择都是带着意图的。只是这一次，他的行动没有让他得到期望的结果（或者他得到了）。

单口相声演员也无法做真实的自己，拿着麦克风站在舞台上的行为不是自然而然就能发生的。厨师做个别菜肴可能是出于乐趣，但料理鸡蛋的他不会比料理鸡的更真实（当然，他可能要先学着料理鸡蛋）。

如果你想采取任何形式进行自我控制（"自我"这个词又出现了），那你就不是真实的自己。只有像孩子一样任性地发脾气才是真实，其他任何事情都是有意图的。

带着意图,抱有同理心,前路就十分坦荡了。我们的作品就是要促成改变,如果不分享作品,改变就无从谈起。如果我们将不合适的作品分享给了错误的受众,改变也同样不会发生。

听众们不想听你的声音有多真实,他们想要你坚持不懈地发声。

126. 始终如一才能开拓前路

始终如一不是一成不变,也不是机械反复,而是保持自己的节奏。一旦许下承诺,就要信守诺言。

谁也不知道格蕾塔·葛韦格(Greta Gerwig)的下部一作品是什么。但她的粉丝一定会去捧场,只因为电影是她导演的。她与粉丝们见面,深入了解他们,让他们有所改变,她也因此赢得了众多粉丝的心。这种承诺是非常重要的,能让艺术家和欣赏艺术的人连接起来。

我猜,格蕾塔·葛韦格导演《小妇人》(Little Woman)绝不是因为她想一个人在房间里独享这部电影,而是因为她觉得别人会想要看这部电影。既然是她制作的电影,她就有权让自己的名字出现在屏幕上。

你不会希望心脏外科医生在做手术时说出自己真实的想法,例如,他可能正在思考和房东的矛盾("我才不在乎你是否和房东闹得不愉快——就当今天是你生命中最好的一天,给我做手术就好了")。你也不会希望厨师说出他的心里话,例如,他今天不想做墨西哥菜("我才不在乎你今晚想不想吃墨西哥菜。既然菜单上有，我就点这道菜"）。

我们需要的是能一直看到我们的需求的人，能坚持不懈兑现诺言，满足我们的期望，一个毫不动摇，无论昨天、今天始终如一的人。

如果你充分相信自己，认为自己可以成为专业人士，你就是在和你服务的对象建立一个契约。你承诺带着意图去设计，承诺满足他们的期望，对方便也同意与你同行。

127. 真相中的真相

史蒂文·普雷斯菲尔德（Steven Pressfield）写过这样的句子，"你我生活在这个地球上的意义是什么？难道不就是为了创造'不真实'，也就是为了给他人一份礼物，即一份真实的幻影吗？这就是人们所说的艺术，从更疯狂的角度来说，艺术是真相中的真相，事实中的事实。"

真相中的真相，事实中的事实。

这才是我们想要的"真实"。

这才是创造性的作品，是去创作，不是发现。

史蒂文和我在真实性这一观点上一拍即合。但真实性依然是人们选择逃避的好去处。

坚持不懈地创造不真实，带着意图去制造艺术，这样受众在消费的时候才能感到真实，我们才能提供给他们需要的服务。

"不真实"这个词是不是让你觉得浑身发痒？这就说明发明

了"创造力"这个神奇说法的人做得非常出色,成功地给人们洗脑了。很多人会对自己的"不真实"感到自豪,我们称他们为专业人士、冠军、领导和英雄。当你想要处理别的事情时,你不可能完全把心放在工作上,日复一日、连轴转地工作。遇到危机也不慌乱,面对指责也只是耐心忍受,甚至只是有规律地工作都不是容易做到的事。但这些困难的事全部都是不真实的。这就是我们的工作,我们在短期内是看不到它给我们带来的变化的。工作是我们去选择带来长期的改变,而不是因为一时冲动发脾气。

不真实就意味着我们的工作是有效率、有理由、有意图的。不是以个人为中心的,而是为他人服务的。

哈克不会如此。只有专业人士才会做出这种选择。

128. 有意图的行动有几个简单要素

(1)确定好为谁而工作。了解他们的想法、恐惧和需求。

(2)要准备好能描述出你想要追求的改变,至少能说给自己听。

(3)投入足够精力去创造改变。

(4)传递作品,让作品和受众产生共鸣。

(5)一旦你知道为了谁而工作,为什么而工作,就要时刻观察学习,看这两个问题是否能起到干预作用。

(6)不断重复以上过程。

第五章

创作瓶颈
只是借口

129. 资格证是拦路虎

现在的教育产业体系一直秉持这样的观念：没有资格证明的人，就无法在工作中创造价值。

当然，对许多职业来说资格证明是必要的。毕竟谁也不想要一个从 YouTube 上学习医术的医生给你做膝关节手术。

但是，你无须得到别人的允许也可以为自己发声、解决有趣的问题、发挥领导力。同样的，写一首歌词、带领一个团队、承担一份责任，也不需要学位证书。

这个体系设立资格证这一关卡，是为了维持工业产出的一致性，但长此以往，资格证明这件事就会成为拦路虎，让那些寻求改变的人不得不放慢脚步。

资格证就像一种减速慢行信号或一台减速装置，会减少多样性。

表现出自己"好像"有资格的样子对很多人来说是很困难的，关键的原因就是当权者总是将没有资格证明的人排除在参与工作的名单之外，但他们只会一次又一次失败。

看看你尊敬的那些领导者，任何哪个领域都可以。思考一下，他们能到达那个位置难道是靠什么资格证吗？

如果你去学校学习只是为了毕业拿到硕士文凭，那还不如在这两年时间里踏踏实实工作。

130. 名牌大学的诅咒

这个诅咒始于一个谬论，即名牌大学就是好大学，即使没有丝毫证据可以证明两者的联系。

名牌大学需要人们顺从，需要体现自己稀有的特征。为了强调这个体制，这些学校寻求合作和信任来建立声誉。它们之所以出名，是因为人们想要它们出名。

这种强烈的需求就与资格证明相关。所有知名机构都有这种魔力，能让人们得到想要的地位和权力。

只靠你自己无法建立一支校足球队，但是组织一次即兴表演总可以吧？昔日在常青藤学校就读的一位朋友曾申请加入一次即兴表演，但遭到拒绝，所以他就放弃了。

即兴表演是最不需要资格证明的一种艺术，但即便如此，人们也总是忍不住寻求资格证的帮助——你便可以想象这种情况在我们周围有多常见了。

"尖子生"从小就被教导要牺牲独立思考来获得好成绩。有人告诉我们，只要服从命令，就能得到机会。而对大多数孩子来说，最好的机会就是被名牌大学录取（或者上面提到的知名大学为即兴表演而举办的演员海选）。

想要从外界寻求认可和权力会让你越来越不信任自己，这是因为你把这份信任交给了外界机构,而非自己。

现在,越来越多的人看穿了这个骗局。这些机构没有任何神奇力量,因为在面临选择、施加影响、寻找想要寻求改变的人时,它们完全派不上用场。

131. 但这真是一个绝好借口

资格证之所以有这么大的威力,就是因为人们总是急切地把缺少资格证当作逃避的借口。

毕竟,只要没有人选择你,你就不用承担责任。

而如果你都没有办法申请资格证明或支付资格证明的费用,那你甚至都不用担心被人拒绝,因为你已经先拒绝了自己。

巫师给了稻草人一纸文书,但稻草人拥有的东西并没有因此增加。因为这张纸只是外界的一种认证,不是必要的,但却让稻草人找到了对自己的信任,而这份信任可能是它本来就拥有的,不过暂时遗失了而已。

132. 任何借口都如此

你找到的任何借口,让你有办法拖延、打断你的实践或让你逃避工作的真谛,都不失为一个好借口,或者说它至少发挥了用处。至于借口是否属实……没人在乎,只要能当作借口就行。

但我们要找的,是不依靠任何漂亮借口,只一心促成改变的人。

他们不会因为一些精心设计的理由而注意力分散或者陷入低谷。

无论借口听起来多么合理，只要选择无视它们，人们就可以回到工作正轨。

事实就是：如果这个理由不能让所有人停下脚步，那就是借口，而不是真正阻止我们前进的拦路虎。

133. 冒牌专家

摆脱资格证这个陷阱，你就打开了成为"冒牌专家"的大门。你可能会感到疑惑，如果工作不需要任何资格证明，每个人都可以参与，都有能力完成，难道不会在重要的工作岗位上招来哈克和骗子吗？

但我认为事实恰恰相反。资格证让人们陷入一种错误的自信，无法判断出谁是真正的专家。拥有学历并不意味着同时拥有洞察力、经验或者热诚。虽有文凭在手，但它无法证明你真的在乎这份工作。

现在这个时代，没什么比采取行动更重要。所有人都能看到你的工作成果，听见你的声音，明白你的意图。

现在，抛开资格证明，人们可以看到你自身的影响力。我们可以建立自己的工作团队，打造出一个社群，让他们清楚了解我们的影响力如何。

我不是在鼓励你成为一个骗子（或模仿骗子）。我只是要你抓住机会，通过长期的学习得到真正的专业知识，为别人带来改变。

134. 史蒂夫·鲍尔默（Steve Ballmer）太在意对错

据史蒂夫·布兰克[①]所说，在微软 CEO 史蒂夫·鲍尔默接替比尔·盖茨（Bill Gates）以后，公司多年来一直在走下坡路。

尽管微软公司在财政方面表现出色，但在如何把握 21 世纪最重要的 5 个科技趋势方面，鲍尔默的理解一直是错误的，他也没能扮演好自己执行官的角色：在搜索引擎上——输给了谷歌；在手机研发上——输给了苹果；在移动操作系统上——同样输给了谷歌/苹果；在媒体技术上——输给了苹果/网飞；在云技术上——输给了亚马逊。

他怎么会一步错，步步错呢？

原因很简单：他认为微软公司在哪个领域表现出色，就只专注在这一方面。在他的塑造下，公司仅能捍卫自身核心竞争力，这样的公司只能算是勉强合格。可以说在 20 世纪，微软是业界的龙头，但在 21 世纪，微软将被愿意尝试失败的公司所替代。

即使是公司的领头人，也可能认为这是遇到了瓶颈。

但我无须再多言了——瓶颈不过是无中生有。因为是否有能力去创造，选择权在你手上。

[①] 史蒂夫·布兰克（Steve Blank）：美国著名创业家，曾经先后 8 次创业，现在在斯坦福和伯克利教书，致力于传播创新文化。他的《硅谷秘史》被公认是研究硅谷历史的最佳著作。

鲍尔默只是一味地避免出错，专注于控制结果，因此渐渐远离了工作必经的过程。正因如此，在他错误的选择下，整个公司都陷入了停滞状态。

135. 维持现状无可厚非

我们做的许多事情都是为了让周围人得到安全感，赢得他们的信任，或是为其他工作打牢基础。

"为什么要这样做"这个问题的答案可能就是"因为我们一直都是这样做的"。

只要你对目前促成的改变感到满意，那就不断重复带来这种改变，这可能也是不错的计划。

如果厨师能深刻了解外出就餐对人们的意义，他就更有可能做出一顿美味佳肴。

伊利亚娜·雷根（Iliana Regan）是来自芝加哥的一位厨师，他已经连续6年赢得"米其林星"。他和他的妻子安娜·哈姆林（Anna Hamlin）决定搬去密歇根乡下，开一家新式餐馆。他们发现最简单的方法就是打造一个传统旅馆，继续称为餐厅，并继续为那些喜欢在米其林星级餐厅消费的人提供服务。

正是因为这家餐馆在某个方面符合人们的预期，他们才能从别的方面挑战传统——这家店的价格、选址和菜单都与勒内·雷哲皮①的餐厅相似，一点也不像一家街边小餐馆。

你不用事事都去改变，其实你可能也做不到。

136. 作家的创作瓶颈

创作瓶颈只是借口。

创作瓶颈是一种选择。

创作瓶颈确实存在。

但都是人为虚构出来的。

虚构并不意味着它不存在。

地心引力不是虚构出来的，每个人都一样能感受到引力。巧克力也不是虚构的，它要么是一块巧克力，要么就不是。

但是创作瓶颈是虚构出来的。同样，害怕蜘蛛、信仰占星术、演讲前感受到的自信，这些都是虚构的。

我们知道这一点，是因为这些感觉是会变化的。每个人都有不同感觉，这些感觉也会随时间流逝而改变。这就像是一个故事。

故事确实存在。

但故事情节会改变。

如果你不满意这个故事，你可以找一个更好的来替代它。

---

① 勒内·雷哲皮（René Redzepi）：丹麦厨师，被《时代周刊》评为"100位世界上最具影响力人物"之一，他领导经营的 Noma 餐厅多次获得"世界最佳餐厅"的称号。

137. 寻求确定性是瓶颈产生的主要原因

在工业世界中，整个市场危机四伏，因此人们不能出错，一次都不能。

流水线上的一个错误就会让你失业。

在银行犯一个错误你就会被扫地出门。

会议上说错一句话上司就会把你解雇。

但是我们想要创造的世界还未建造完成，而且它没有正确答案。如果我们知道方法，我们早就按图索骥了。

创造是要在一个领域的前沿工作，去发明下一个新事物，这是没有任何剧本或说明手册可以参考的。

而确定性一定是难以界定的，因为我们不能抱有确信。不确定性并不是问题，也不是错误，不是必须消灭的东西。

不确定性才是关键所在。

138. 被高估的"完美"

斯蒂利·丹（Steely Dan）的唱片一直卖得不错，在他们小众市场里是数一数二的。这支乐队40多年前就产出了最好的音乐作品，现在已经成为经典。

乐队背后的灵魂人物是一个由贝克尔（Becker）和费根（Fagan）组成的二人组合，他们多年来一直拒绝巡回演出。相反，他们选择在录音棚里创作、表演，与录音室的音乐家们合作，然后花几个月甚至几年时间将作品打磨得闪闪发光,建立了一套近乎完美的标准。

人们似乎都觉得完美主义是通往成功的唯一道路,只有这样才能创造出伟大的作品。但你知道除了斯蒂利·丹,还有谁也在音乐榜单上吗?布鲁斯·斯普林斯汀(Bruce Springsteen)[①]、约翰尼·卡什[②]和艾瑞莎·弗兰克林[③]这样的歌手,还有类似杰弗森飞机[④]这样的组合。这些歌手们能获得格莱美奖,不是因为作品有多完美,而是因为真实,这拉近了他们与听众的距离,创造一种亲密感。在他们看来,过多打磨作品反而是一种缺陷。

在过去的二十多年里,斯迪利·丹反而在巡演中取得了巨大的成功,这实在很讽刺,但我很清楚地知道这是为什么。他们的现场表演绝不可能比他们的唱片价值更高,但这正是人们想看现场表演的原因。

想要进入专业领域,你必须要改掉拼写错误、小毛病,不能犯明显的错误。但是在收尾阶段反复打磨工作成果可能只是为了追求完美主义,并不能服务受众。要知道失败能为接下来的工作打下基础。

---

① 布鲁斯·斯普林斯汀的东大街乐队(the E Street Band)是美国最著名的摇滚乐队之一。他的音乐以诗意的歌词和情绪化的表现方式打动人心。他曾获得包括格莱美奖、金球奖和奥斯卡奖在内的20多个奖项,在全球拥有强大的乐迷基础。
② 约翰尼·卡什(Johnny Cash):美国乡村音乐创作歌手,多次获得格莱美奖,在接近50年的职业生涯中一共售出5000万张唱片,被公认为美国音乐史上最具影响力的音乐家之一。
③ 艾瑞莎·弗兰克林(Aretha Franklin):美国流行音乐歌手,有着"灵魂歌后"或"灵魂乐第一夫人"的称号,一共获得19座格莱美奖,其中有11座来自"最佳节奏蓝调女歌手奖"。她也是首位入选摇滚名人堂的女性歌手。
④ 杰弗森飞机(Jefferson Airplane)是旧金山最早为全美国所熟知的迷幻摇滚乐队。

这个过程需要我们挑战前沿，学习新的技术，开拓新的受众，同时为现有受众寻找新的魔力。一旦完全掌握了一种方法或技术，就可以重新开始，去找一种新的、更强大的方法。

但准备好在寻找正确答案的路上不断犯错误，才是开拓创新的唯一方法。

任天堂[1]曾是一家纸牌公司；星巴克门店提供的食品菜单依然不够合理；奥多比（Adobe）公司研发的数百个软件产品都没能在市场上得到推广。

个人创作者也是如此。《宋飞正传》（*Seinfeld*）[2]这部经典剧集一直被认为是一部伟大的作品，但是也有一整季剧本质量低下，配不上它响亮的名声。无论你有多喜欢一位作家，他肯定都写过一本你并不怎么喜欢的书。

实践是为了促成改变，而这个过程需要原创性。实践只会在意图上保持一致，并不是具体行动上。

每个专注于实践的创作者都会经历长期、近乎无穷无尽的失败。写小说、发明灯泡，甚至改变一段关系，都会经历这种失败。

一次又一次，创造者们都失败了，但失败是工作的基石。

我们失败，我们总结经验，然后再次尝试。

---

[1] 日本企业任天堂（Nintendo）本是一家纸牌公司，后发展成为电子游戏业三大巨头之一，开创了电子游戏产业。
[2]《宋飞正传》是1990年美国最受推崇的情景喜剧，不但有巧妙的故事构思，还暗藏着哲理，被很多大学当作研究课题。

139. 艾瑞莎的钱包

2015年肯尼迪中心荣誉奖颁奖礼上,包括艾瑞莎·富兰克林在内的所有明星都在舞台上,同台的还有詹姆斯·泰勒③和加奈儿·梦奈①。

舞台上还有一件东西:艾瑞莎的钱包。歌曲终了,詹姆斯蹲下身想帮艾瑞莎把钱包捡起来,但她几乎是把詹姆斯推开了。

钱包里有什么?

艾瑞莎在音乐行业中摸爬滚打,学到了一些事情:在20世纪六七十年代,艺术家们,尤其是有色人种和女性,工作后经常得不到报酬。"以后再给"就相当于是"不给"。

所以后来她养成了一个习惯,就是在上舞台之前先拿报酬,而且得是现金,并且还要把钱装进钱包里带上舞台。

这个习惯很快成为一种固定观念。

几十年来,艾瑞莎的地位和整个行业风气都发生了变化,但是她这种固定观念没有改变。因为对中间人(包括律师)感到恐惧,她甚至都没有立下一份正式遗嘱,所以她去世后留下一堆烂摊子。

每个人都有这种固定观念——谁值得信任,接下来会发生什么,怎么开展工作。

实践可以重塑这种观念,帮助我们抵达目的地。

---

③ 詹姆斯·泰勒(James Taylor):美国民谣唱将,以内敛、忧郁的演唱风格而著称,共获得5项格莱美奖。
① 加奈儿·梦奈(Janelle Monáe):美国歌手、作曲人、演员,曾入围第53届格莱美最佳当代R&B专辑,参演的电影也曾入围奥斯卡最佳影片奖。

140. 固定观念有用吗？

我们关心的是世界如何运转，我们该扮演什么角色，未来会发生些什么。

固定观念可以是普通的"我是个悲观主义者"，也可以具体到"因为我有一头红发，所以没人会选择我。"这些固定观念都是在说自身的不足，因为这些不足，某些人选择继续做一份让人窒息的工作；因为人们对外貌的固定观念，某些人选择去做不必要的整容手术。

我们的固定观念会影响我们的选择、承诺，最重要的，会影响我们改变文化的能力，我们依靠它来解读世界。

关于固定观念有以下两个问题：

（1）固定观念是否和生活实际密切相关？比如，你一直担心某件事会发生，但其实这种事从没发生过，那这个念头可能就是一个误判。如果你认为自己的作品非常出色，但是没人买账，那你的作品中可能缺少关于这个世界的真相。你可以做个简单测试，问自己这个问题：其他成功人士也有同样的想法吗？

（2）固定观念有用吗？能帮你实现目标吗？因为这是它存在的原因。如果它反而妨碍了你，那么不要去试图改变世界，让世界去迎合自己的期望，而是更应该改变自己的固定观念。

你可能已经猜到了：创作瓶颈只是固定观念的一种副作用。它不是生理上或是某个器官上的病痛，它只是人们说给自己听的故事，它会让人们养成不良的工作习惯，让恐惧萦绕心间。

141. 不受瓶颈困扰的建筑师

来自墨西哥的建筑师亚历杭德罗·德拉维加·祖鲁塔（Alejandro de la Vega Zulueta）以专门设计高层公寓著称。想要在建筑领域保持原创性一直很有挑战性，因为有太多限制条件要考虑，还需要强调建筑的实用性。

在这个多数建筑都千篇一律的世界里，他之所以广为人知，不仅因为他的创造力，还因为他将创造力应用于实际建造中。

为了不受任何限制，他开始设计时会先描绘出几何图形，然后将这些图形扫描并打印出来，做成三维板。他并非开始时就知道终点在哪儿，他也是从起点开始的。但是他能迈出第一步。

即使你前进的方向和预想的不一样，但只要你不断向前行进，你就不会轻易被绊住。

142. 无限的游戏

在无限的游戏中，人们玩游戏不是为了赢，而是为了能一直玩。哲学家詹姆斯·卡斯（James Carse）创造了这个说法，但其实这个概念早在语言诞生之前就存在了。西蒙·斯涅克[①]就这个话题写了一本新书，堪称经典。无限的游戏就像是你和4岁的儿子在后

[①] 西蒙·斯涅克（Simon Sinek）：美国作家、评论家、演讲家，在《纽约时报》《华尔街日报》等杂志发表评论，在 TED 的领导力演讲广受欢迎，被评为"2019年全球最具影响力的50大管理思想家"之一。2021年1月出版了《无限的游戏》一书。

院里玩的那种抓球游戏，在这个游戏中你抓球不是为了赢，你只是享受抓球的过程。

想象不到赢家的游戏，才是我们生活中最重要的部分。

只要我们相信，过程也可以是无限的。我们工作不是希望赢了之后游戏结束，工作告一段落。苏珊·卡雷在为苹果电脑设计了图标之后，并没有停止脚步。她还做了更多的设计工作——使用各种媒介，拓展更多受众，运用不同方式。

玩游戏是为了能一直玩。

我们迈出的每一步都能让自己在旅程中前进，我们希望能一直继续下去。在无限的游戏中，没有赢家和输家，没有计时器和记分牌。它只是我们的一个机会，让我们充分相信自己，投身实践。

143. 马拉松是一场无限的比赛

纽约马拉松有 5.2 万名参赛选手，他们中至少有 5.1 万人没有任何机会赢得比赛——如果这里所说的"赢"是指那些少数首先冲过终点的人。

我们在马拉松比赛中，看到更多的是合作，而非赤裸裸的竞争。比赛中不会有人伸出胳膊阻碍你，或者耍手段让你的努力白费。因为在马拉松比赛里，真正的竞争是和自身潜力的竞争，而不是和其他选手竞争。

我们看不见的，是马拉松选手一年来孤身一人的晨跑锻炼，是比赛场上辅助人员的辛勤工作，是参赛者们咬牙坚持的力量。

作家之间会互相推荐彼此的作品也是这个原因。"创造"这一行为不是找到某些独属于你，而其他人没有的罕见的东西；创造是产出丰富的资源，然后将它们热情地分享给其他创造者。

我们很难想象蒂姆·库克①吹捧三星手机的样子。这是因为苹果公司想要垄断市场，而不是传播一个想法或营造一种积极的改变。他们忙着拔高股价，除此之外，其他事都只是为了达到这个目标而采取的策略。

144. 感到疲惫该怎么办？

跑马拉松肯定会感到疲惫。若你为此而去请一个教练，并对他说："我想要你指导我如何在跑马拉松比赛时不感到疲惫。"这没有任何意义。

在成千上万参加马拉松比赛的选手中，总有人能跑完全程，也肯定有人半途而废，他们之间唯一的区别就是，前者知道在感到疲惫时该怎么办。

创造艺术时也是一样。

每个创造者都会遭受挫折。每个全身心投入创造，努力呈现自己原创作品的人都会感到恐惧。

这不是问题的关键。

关键在于：如何面对恐惧？

---

① 蒂姆·库克（Tim Cook）出生于美国亚拉巴马州，现任苹果公司首席执行官。

145. 即兴喜剧教会我们说"好的,那么……"

成功的即兴喜剧能让观众非常兴奋。就好像马戏团演员跳跃时没有安全网,就好像两人或更多人在未经计算的自由落体中翩翩起舞,随着时间流逝,恐惧感增加。他们能在中间点相见吗?

表演即兴喜剧的团队(只有团队才能表演,表演的参与者处于无限的游戏中)将台词来回抛给对方。在这种即兴对话中,表演的风险也不断增加。

夏娜·哈尔彭(Charna Halpern)和德尔·克罗斯(Del Close)是现代即兴喜剧的领军人物。在他们的即兴表演中,"不"是一个禁忌词。当轮到你表演时,回答必须是"好的,那么……"

能够让人前进的运动是人们唯一感兴趣的运动。

假设现在你就站在演员对面,对方已经说出了台词,整个屋子里气氛紧张,你要装作能说出"好的,那么……"的样子。

没错,事情已经发生了。并且我一定要为此做点什么。

当我们开始以自我为中心,就会想要控制能量而不是将它分享出去,我们会不由自主地说"不"。

"不,你做错了。"

每一次"不"出现的时候,就是可能性消失的时候。

说了"不",就表示我们想要拿回控制权,就表示我们将过程抛在了脑后,只一味追求结果。

146. "好的,那么……"就已足够

从即兴表演中,我们看到了不确定性的强大力量,它也验证了创作瓶颈只是无稽之谈。即兴表演里演员的表演不会中断,可见瓶颈是不存在的。但是也有糟糕的即兴表演,原因就是演员以自我为中心,想要控制表演。一旦心生恐惧,恐惧就会竖起一面墙,这面墙会中断整个过程。当我们不再以自我为中心,接受恐惧,就能说出"好的,那么……"。

下面这些人都跟随克罗斯或者哈尔彭学习即兴表演:艾米·波勒(Amy Poehler)、艾米·塞达(Amy Sedaris)、比尔·默里(Bill Murray)、丹·艾克罗伊德(Dan Aykroyd)、吉尔达·拉德纳(Gilda Radner)、哈罗德·拉米斯(Harold Ramis)、约翰·贝卢斯(John Belushi)、约翰·坎迪(John Candy)、乔恩·法夫罗(Jon Favreau)、谢利·朗(Shelley Long)、斯蒂芬·科尔伯特(Stephen Colbert)和蒂娜·菲(Tina Fey)。

有人说只有非常有趣的人才能去芝加哥接受即兴表演培训。但我更认同另一种说法:理解过程的力量,抱有热诚,你就能变得有趣。

只要别再时刻担心自己是否完美,我们就能专注于过程。

《周六夜现场》(*Saturday Night Live*)在晚上 11:30 开播不是因为那个时候所有细节都准备好了,只是因为到了 11:30 就该开播。

不是因为有创意才去传递作品,而是因为传递了作品所以成

了有创意的人。

利用好你的资源,专注于过程,在过程中越变越好。

147. 起锚

人们喜欢遵守诺言。如果你都没有养成信守诺言的习惯,你很难成为一个既成功又快乐的人。

但是有些承诺是无法轻易许下(并遵守)的。

在许下像"表演将在 11:30 开始"这样的承诺时,人们会犹豫,因为我们不确定是否能赶上最后期限,让演出按计划进行,不确定是否可以控制结果。

但是有的时候我们还是会硬着头皮许下承诺。

潜意识的力量是强大的。如果潜意识知道我们已经许下承诺,比如书就要截稿、一次头脑风暴会议就要召开、明天要和风投公司开推介会——潜意识会加班加点帮助我们兑现承诺。

锚给了我们锚定点,这是它在这艘船上的意义。

但是对有创意的人来说,锚也可以是一座灯塔,成为我们孜孜不倦前往的目标。

不是因为这个目标是完美的。

而是因为最后期限就是 11:30。

我们许下了承诺。

过程才是实践的核心,不是结果。好的过程自然会通向好的结果。

148. 热心的批评者

当我们传递了作品，市场可能会有反馈。我们将这种反馈称作"批评"。

害怕批评是人之常情。因为你的作品是个人的，你还想精益求精。最重要的是因为你想为你的服务对象带来改变，而批评就意味着你失败了。

我们会想，要是每个人都毫无保留地喜爱我们的作品，那该有多好？

但是批评最糟的地方是它不断提醒人们结果的好坏，而忽略了过程。因为批评，人们推翻了在过程中许下的承诺——因为这一次，对某些人来说，你的作品没有打动他们。

在网络时代，大部分批评都一文不值，甚至有的会产生有害作用。一文不值是因为这些评论是带有个人标签的，是对作者的人身攻击，与作品本身无关。同时也因为大部分评论者并不专业，也不慷慨。

早在 7 年前，我就不再读亚马逊上有关自己的评论了。主要是因为我还从没遇到过一位作家会说："读完所有的一星评论之后，我的作品终于有长进了。"

你无须去管那些匿名键盘侠说什么，也不用去操心对你的工作不感兴趣的人如何评论你。他们的所作所为不过说明了一件事，他们不是你要服务的对象。

那热心的批评者又如何呢？他们的批评是无价之宝。他们会花时间研究你的作品，理解你的意图，然后发表评价。他们已经准备好和你一同踏上旅程，他们渴望在你的带领下和你一起前往目的地。

这意味着你可以从他们身上学到东西，而学习是实践过程中必不可少的部分。

149. 对热心的批评者说些什么

说声："谢谢。"

因为这位批评者刚刚给了你一个提示。

她刚刚告诉了你什么能打动她。她的批评可能不能代表整个市场，只能代表她自己以及与她相似的人群。

如果她的批评有用，而且在提出批评时没有对你指手画脚，也没有质疑你的动机、你的能力、你的判断，这说明她的关注点只是在你的作品。

"这个作品没能打动我，但这样做或许更能让我接受。"

"谢谢。"

150. 狭隘的批评者

在亚马逊上，内尔·弗罗登伯格（Nell Freudenberger）《失与求》（Lost and Wanted）一书的评论就毫无用处。有一条两星评论是批评这本书"太科幻了"——全然不顾这本书的主角是个物理学家,这是本科幻小说,并且它已经受到热议,许多人读了之后都觉得感动,觉得这本书思想深刻。另有一个自称是"圈内物理学家"的批评者也留下一条两星评论,称这本书的科幻内容太少了。

这些狭隘的批评者们发表的言论更多的是关于他们自己,而不是书。但至少在某一方面还是起到了作用的:他们的评论让人们清楚地知道,这本书是为喜欢同类书籍的读者创作的。

而对除此之外的所有人来说,"它不适合你读。"

从这样的批评中我们便能判断出营销人员是否善于寻找合适的受众。

当你坚持问自己"为了谁而工作""为什么工作"这两个问题,你就可以站在制高点,明确地对人们说"它不适合你"。

151. 山姆·雷米(Sam Raimi)和对嘘声的恐惧

雷米是科幻动作电影领域里最成功的导演之一(曾执导《蜘蛛侠》《鬼玩人》等影片)。

开始拍电影时他还不到20岁,而且是后来才进电影学院学习的,但是他坚持只有愿意付费的观众才可以观看他的电影。"50美分,1美元,都无所谓,只要你肯花点钱。"他早就明白了这个道理——愿意花钱的观众更在意你的作品,要求也更高。

他的作品一次又一次遭到嘘声和嘲笑。毕竟只要付了钱,观众就有嘲笑的权利。

之后他会回到剪辑室编辑影片，让可怕的部分更可怕，让有趣的部分更有趣，然后重复这个过程。

最终，山姆·雷米制作出了令自己引以为豪的电影。

最难的是什么？我认为是主动寻求嘘声。

152. 1000 名真粉丝能创造的可能性

1000 名真粉丝能产生多大的经济效益、促进艺术自由，这一点凯文·凯利（Kevin Kelly）能告诉我们。这 1000 个人愿意为你开车穿越城镇，为买你的作品提前付款，或者支持你的 Patreon 运动[①]。这 1000 个人愿意让你睡在自家地板上，或者每年为你的作品支付 200 美元。

只要有 1000 个真粉丝，一位个人艺术家就可以活得无忧无虑。

问题是大多数创作者甚至连 10 个真粉丝都没有。

除了你的家人和朋友圈子（他们没有什么选择的余地），你离能拥有真粉丝还有很长的路要走。这是因为人们选择顺从，选择躲避嘘声，这让我们无法拥有真正的粉丝。

真正的粉丝喜欢独创性，他们在寻找一些奇特的作品。要是他们想要的只是榜单前 40 名之类的歌曲，或者普普通通的作品，他们可以轻易地从别人那儿找到，何必来你这里呢。

---

① Patreon 是一个众筹网站，创建于 2013 年，最早是希望通过一个众筹平台来解决音乐人的创作和收益转化问题，后来发展为面对所有的艺术创作，包括摄影（视频）、音乐、写作、插画、动画、播客、游戏，等等。

153. 沉没成本与实践

你花在工作上的每个小时都已成为过去，投资的每一分钱也都不属于你了。

在法学院学习的那几年时光、为创作小说初稿花费的时间、为购买这张票或那笔资产所花的钱，这些都是沉没成本。

但其实，沉没成本也是一份礼物。是从前的自己送给今天的自己的礼物。

《绿色食品》（*Soylent Green*）的创作者哈里·哈里森（Harry Harrison）花了一年时间写就这本科幻小说，全书以一种来自外太空的病毒为中心展开。就在他准备将书稿提交给出版商的前几周，迈克尔·克莱顿的新书《天外来菌》（*The Andromeda Strain*）[①]恰好出版了，而且非常畅销。

哈里的作品是百分之百原创的，现在却成了山寨版。

他没有把书稿交上去，因为他不想要这份来自从前的礼物。他确实写完了一本书，但要是将未来的一年用于宣传这本书，证明自己的书是原创的，这对他的读者和事业不会有任何帮助。

"不，谢谢。"

他为这本书付出的时间和精力已经成为过去式。无论它是否能大获成功，已经投入的时间和精力不会再回来。但现在，他有

---

① 《天外来菌》是迈克尔·克莱顿（Michael Crichton）创作的畅销书。故事描述了美国一枚太空舱坠落在墨西哥荒郊小镇上，导致镇民全部死亡，仅剩一老一少受重伤未死的离奇故事，情节与《绿色食品》相似。

新的时间、新的精力。他没有把它们投入现有的项目中（因为那只是一种资源浪费），他只是对以前的自己说了一句："没关系，感谢你，但我现在要创作别的作品了。"

如果在现有的实践之道上，你没能得到想要追求的东西，你大可以礼貌地离开，走别的路。如果你辛辛苦苦想要建立信任，但是受众们却明确表示你的构想与他们的不一致，那你完全可以去寻找别的受众。

因为放弃沉没成本而感到遗憾是人之常情。但如果仅仅因为无法忍受遗憾就固执地去走一条死胡同，那就错了。

154. 沉没成本和自我防卫

《鲨鱼坦克》（*Shark Tank*）这档节目让创业者与自信满满的评委相遇，创造了一种紧张气氛。在节目中，一方面，创业者会向评委阐述自己的创意。这个创意是真实的，也应用在正在进行的项目中。它是带有个人色彩的，而且刻不容缓。

另一方面，评委们会当场提出一些建议，并寻求实质性的改变。

这很快就变成了一种直来直往的碰撞。一个人说"你的想法太烂了"，另一个说"不，这想法挺好的"。接着就演变成"你这个人不怎么样"，另一个说"不，我才不是"。

这种反馈确实让人生气，因为这些项目已经在进行中了，即使我为此付出的东西已经成了沉没成本，但它们也确实存在过，都是我个人的努力。

在忙于自我防卫时，你很难对别人的反馈持开放态度，很难随机应变，也很难不受阻碍。

能帮助我们进步的批评者明白这个道理。她更有可能会说："我喜欢你创意中的 x、y 和 z，我们可以通过……让其他部分更完美。"因为这种反馈不会让人生气。

沉没成本确实存在，但我们必须忽略它。

155.免费建议：注意这 45 种情况

人们会因为恐惧而断送自己的工作，这样的情况至少有如下 45 种：

（1）停滞不前；

（2）不断扩大项目，直到它难以推进；

（3）不断缩小项目，直到它无足轻重；

（4）呈现低劣的成果；

（5）如果别人能让作品更好，就拒绝将它呈现给别人；

（6）拒绝倾听热心的批评者的意见；

（7）热心聆听善意但是胆小的批评者；

（8）为了商业上的短期利益而牺牲工作；

（9）逃避最后期限；

（10）渴望成为当红明星；

（11）对好的部分妥协；

（12）对坏的部分妥协；

（13）假定灵感存在于酒精或药片里；

（14）不工作；

（15）一直工作；

（16）等待缪斯降临；

（17）过早地讨论工作内容，找个理由不去工作；

（18）找不到合适的人讨论工作，让工作一团糟；

（19）工作就是你，你就是工作，以个人为中心；

（20）只在有灵感的时候工作；

（21）在专业知识上落后于人；

（22）什么都靠抄袭；

（23）什么都不借鉴；

（24）心怀嫉妒；

（25）自嘲；

（26）认为重要的工作需要花费更长时间；

（27）期待掌声；

（28）要求得到与努力和洞察力相匹配的报酬，并且在得到报酬之前都不行动；

（29）不打销售电话；

（30）读自己的评论；

（31）一直惦记着自己的评论；

（32）回应评论；

（33）小题大做；

（34）关注即将来临的或最终的死亡；

（35）只要不真的面临死亡，就一直拖延；

（36）聆听心有恐惧的人的声音；

（37）将完美主义与高质量混淆；

（38）交付日期越近越加班加点；

（39）交付日期越近越快放弃；

（40）经常错过交付日期；

（41）不设定交付期限；

（42）改变自己能作出贡献的范围，让它小于必要范围以便逃避责任；

（43）周围都是没有远大梦想的人；

（44）编造漂亮的借口；

（45）假装有创作瓶颈。

156. 选择脆弱性

著名电影演员亚当·德赖弗（Adam Driver）说过："我不是演奏家，我没有乐器，我手上没有大提琴。演戏只能靠自己，所以某种程度来说，这个过程更容易受伤。"

这种想法是有害的，也没能体现出专业精神。

亚当·德赖弗是演员，他演的不是自己，而是角色。詹妮弗·韦纳（Jennifer Weiner）是作家，人们从书上读到她的文字，但她的文字不等同于她自己，它们不过是她创作出来的。

创造者们可以"无中生有"。

我们在创造。

为了创造艺术,我们不停做选择。我们有明确的意图,那就是想要为特定人群带来改变。当我们没能成功,有些人就会选择表现出脆弱性,整个人充满焦虑感。但还有另一种选择,就是从没能让人们共鸣的部分中学习。我们的工作方式是由我们自己选择的吗?我们是不是把工作呈现给了错误的受众?

你和你的作品不能画等号。创作作品,你要做无数选择题,要展现宏大的意图,其目的是为了促成改变。

无论如何,我们都可以去学习如何做出更好的选择。

157. 阿比·莱恩（Abbey Ryan）、艾萨克·阿西莫夫（Isaac Asimov）还有打字的力量

阿比·莱恩坐了下来,开始画画。她已经画了1000多幅画,每天一幅。

艾萨克·阿西莫夫出版了400多本书。这太不可思议了,他是怎么做到的?

阿西莫夫每天早上醒来以后都会坐在他的手动打字机前打字。

这就是他的工作。

他写过关于机器人和一些其他内容的故事,它们都是在不断打字的过程中得到的意外收获。

即使没有灵感他也会不停打字,打字的过程逐渐转变为写作,然后就能得到灵感。

不是因为灵感来了才要去写作。

而是因为不停写作，所以才能得到灵感。

158. 写作，直到你不再害怕写作为止

你是否是"作家"并不重要，哪怕你是歌手或交通工程师都无所谓。

多多写作。

记录下你的受众、你的技术、你的挑战。记录下你是如何取舍的，记录你所在的行业，记录下你从事的领域。

记录下你的梦想和恐惧。有趣的、无趣的，都记录下来。

用文字去澄清自己的立场，去挑战自己。

给自己一个固定的时间段来写作。

写作和说话不一样，写作是有条理的，你的文字可以永久保存下来。写作会让你富有责任感。

难道你不想成为有责任感的人吗？

159. 稀缺性和创造性

"诗歌和论证不一样，论证是在意志的决定作用下发挥出的力量。谁也不能说：'我要开始创作诗歌了。'哪怕最伟大的诗人也说不出这样的话。"

——珀西·比希·雪莱（Percy Bysshe Shelley）

这是一种错误观念,是危险的。它给了我们不负责任的理由,并在那些天生就赋有神奇创造力的人和其他人之间筑起了一堵高墙。

用这样的眼光看待世界太狭隘,太糟糕了。

与此相反的做法是想象自己有大量的机会,能创造出几乎无限数量的诗歌(和其他一些创造性的天才行为),它们都正等待你去将它们呈现给世界。

只要诗人足够热诚,秉持信仰,坚持不懈尝试,就能做到。

其实决心正是写诗或创造艺术所必需的。坚定的意志能为我们打开一扇门,让我们充分信任自己,找到属于自己的文字。

160. 魔鬼的本质

魔鬼并不存在。

用他来制造恐惧简直是天衣无缝,因为他是没有缺陷的敌人,人们毫无防备,只能被他羞辱。

几百年前人们就创造出了"魔鬼"这个概念。他是稻草人、甲虫和鬼魂的结合体,他的作用是吓唬孩子们,让他们服从。

批评者和怀疑论者常常会提到魔鬼,因为他们知道不会有人能做出有说服力的回应。创作瓶颈、灵感枯竭、无能为力和没有天赋这些最常见的理由,都是魔鬼出没的方式。

但他们不会提到这一点:魔鬼并不存在。

正因为魔鬼不存在,所以人们才喜欢拿他举例子,因此你应该忽略他。

创造者们每天都在躲避魔鬼,赋予他新的力量,想象他有能力破坏作品、断送他们的职业生涯。你给他的力量越多,他就越强大。

但他强大的前提是你没有勇气直视他的眼睛。

只要你敢和他对视,他就会灰飞烟灭。

161. 挑水砍柴

一千多年前,庞居士[①]就留下了这样的诗句:

日用事无别,唯吾自偶谐。

头头非取舍,运水与搬柴。[②]

现代人常说的"挑水砍柴"就出自这一首诗。诗句中并未明确指出的关键词,就是"仅此而已"。

不妄自评论、不添油加醋,去行动就好。不去在意那些超出自己控制范围的事;无论结果是不是你期望的,不要去依赖结果。

这一简单的禅宗哲理能帮助我们理解为什么我们在工作中要去创造。摒弃外在的影响因素,别大惊小怪,别给自己制造特殊情况。

这就是实践。

挑水砍柴,仅此而已。

一次又一次。

外界定义的成功只是为了鼓励我们再次投入工作。

[①] 庞蕴:中唐时代的禅门居士。与梁代之傅大士并称为"东土维摩"。居士名蕴,字道玄,又称庞居士。
[②] 节选自《庞居士语录》中的《杂诗·日用事无别》。

162. 餐前准备本身就是回报

资深厨师一定会在点燃炉灶前摆放好所有厨具，切好所有食材，精心计算用量，并将所有食材摆放有序。这样他就不会到最后一刻再手忙脚乱，不仅如此，他还有机会预见下一步将会发生的事。

工具、食材都在目之所及的范围内，做好万全准备，这会为有意图的行动打开一扇大门。

在做准备工作时，网络是我们的敌人，因为我们不知道网络会带给我们什么，我们没法预测。对我来说，邮件就是一种陷阱，手机上任何发出哔哔声、发出推送消息、让手机振动的软件，都是陷阱。

在做准备工作时，互联网给我们带来了或积极或消极的能量，而且让我们难以察觉。它也可能为项目提供源源不断的新想法、新工具，为团队带来新的工作伙伴。

如果你想创造出作品，那你可以尝试关掉 WiFi。那样你就可以不受其他事情的影响，把工具准备好，看看自己能做的极限在哪里，全身心投入工作的过程。

工作完成后，我们可以重新与世界联通，但现在，我们需要将水杯倒满，再一点一点喝完杯中水。静心坐下，好好打字，多多打字。

163. 但是要怎么看待缪斯女神呢？

每个有创造力的人都遭受过缪斯女神的蛊惑。在一些关键时刻，某种神秘力量占据了你的周身，神奇的事情发生了，仿佛我们自己都没有参与就创作出了作品。好像有别的东西控制着我们的声音。缪斯女神来了，在女神的帮助下，天才脱颖而出。

人们会不由自主地将功劳归于缪斯。我们筑造神坛，献上所有，就为了请求她再次降临。当缪斯女神不见踪迹时，我们就会感到挫败，好像没有缪斯的帮助，事情就更难完成了，连创作出的作品都显得沉闷。

这时我们几乎只有两个选择：一是沿着沉闷的这条路走下去，成为一个哈克；二是暂时放弃，寄期望于缪斯回归。如果是这样，那我们的实践就会濒临险境，还很有可能会倒退。

也许有人会给祭坛奉上香火，也许有人会借酒消愁。对某些人来说，为寻找缪斯而养成的坏习惯会主导他们的生活。

因此我们转移视线，在缪斯面前战战兢兢，担心会错失正确的情感时机，无法完成工作。最重要的是，我们放弃了主体性，转而去乞求别人，可能是任何人，帮助我们挺过难关。这些难关可能是指召唤缪斯女神，或者是请求批准、争取工作机会和别人的支持，或者只是为了再次受到瞩目。

这是一个陷阱。

别人处在"心流"状态是因为他付出了努力。当我们认真工作时，缪斯就会现身。而不是缪斯现身了我们才要去工作，这属于本末倒置。

因此,准备好你的工具,关闭互联网,开始工作。

164. 寻找"必要难度"

当我们想要提升自己时,容易不由自主去寻找"心流"状态。

"心流"是我们都会经历的一种精神状态,这个时期做每件事情都很顺利。研究员米哈里·契克森米哈(Mihaly Csikszentmihalyi)谈到过"心流",当人们完全投入于一项有挑战的任务,而且有自信完成时,就会产生这种感觉。它是为数不多的缪斯与我们同在的时刻,那感觉很棒。

虽然这种状态让人心满意足,但它可能并不能像预期的那样对实践有很大促进作用。

加利福尼亚大学洛杉矶分校(UCLA)的教授罗伯特·比约克(Robert Bjork)认为,要想精进技能、提升自己,就要去寻找"必要难度"。

有这样两种击球训练:在第一种训练中,投球被分为两种类型——25个快速球,25个曲线球——击球顺序都是安排好的。练习结束时,击球手能感到自信,感觉进入了"心流"状态。

第二种训练方法是将投球类型随机混合。在这种训练中,击球手们会产生挫败感,自我满足度也不高。但托尔·米尔斯(Torre Mills)老师指出,这种随机法会给训练增加"必要难度",相比前一种分类训练的方法,实际上这种方法更能提高球员水平。

"必要难度"是做艰苦工作时必须经历的困难过程。我们要准备好克服困难,因为我们知道困难过后,自己会提升至新的水平。

学习时,人们总是会感到力不从心。在就要提升至下一水平之前,我们会认为自己能力不够,还有很多不足。困难确实存在,但如果我们真想进步的话,困难更是必要的。

若我们有意逃避"必要难度",实践就会受到影响,因为我们这样做只是想蒙混过关。

所以,我们应该许下承诺,接受自己的无能,接受偶尔会有的挫败感,无论它将持续几天、几周还是几年。为了能在"心流"状态产出更多作品,为我们想要服务的人带去改变,就一定要去寻找这种"必要难度"。

165. 击球训练

没人会对全垒打击球手参加击球练习这件事说三道四。

同时,没人会因为在 70% 的情况下人们连一垒都打不到这件事而大惊小怪。

如果每次创作时你都想要保证,让你不仅能得到评论界的认可,还能在市场上大获成功,那你其实是在找一个绝佳的藏身地。如果你因为渴望好评和成功而寸步难行,无法再鼓起勇气,那你又为自己找了一个避风港。

击球训练是实践,每天写作是实践,学习观察也是实践。实践永远不会停止,你永远也无法确信。

我们有无数理由隐藏工作成果，但只有一个理由能让你分享它们：为他人服务。

166. 耐克广告语中的错误

"放手去做"①这样的建议帮不上什么忙。

人们也可以把它解读成"管他呢"或"赶紧忙完"。只要给别人呈现结果，把成果交出去就可以了，只做力所能及的事就好……把这句话修改一下，就能有很大帮助——提醒自己"去行动，仅此而已"。只专注于工作，不妄自评论，不添油加醋，不心生怨怼。专注于你所寻求的改变，并带着意图去工作。仅此而已，不要多也不要少。

我知道这句话作为电视广告语缺乏冲击力，但它明显更有用。

继续关注过程，而非仅仅关注结果。如果过程是正确的，结果也绝对不会有偏差。

去砍柴、挑水、起锚，去说"好的，那么……"，别去在意你无法控制的部分。

167. 不需要更多好点子了，你需要更多坏点子

现在把所有的好点子抛诸脑后吧。

---

① 耐克公司的广告语：Just do it.

苏斯博士[①]写作时，市场上的儿童读物只有几万本。但现在，有数百万图书可供儿童阅读。电影剧本构思、夏令营限定日、外科医生专业技术和原创景观设计等也是如此。

人们总是认为自己没法作出贡献。缪斯女神与自己擦肩而过，没什么可创造的了。

与其说"我毫无头绪，想不出什么好办法"，不如说"我已经完成了工作，现在我要不断改进它"，这样效果会更好。或者也可以这样说："我完成了工作，已经无法再精益求精了。但现在我已准备好尝试新事物，因为我已经学到了不少。"

每个人都是这样创新的。

每个好点子、新项目、每首流行歌、每部小说，都是这样创造出来的。

它们都源于一个坏点子。

但之后变成了更好的点子。

如果抱怨想不到任何好点子，先让我看看你所有的坏点子。

熟悉坏点子能帮助你前进，它们不是你的敌人，而是通往"更好的道路"的必要步骤。

[①] 苏斯博士（Dr. Seuss，1904—1991）：20世纪最卓越的儿童文学家、教育学家之一。一生创作的48种精彩教育绘本成为西方家喻户晓的早期教育作品。曾获美国图画书最高荣誉凯迪克大奖和普利策特殊贡献奖，两次获奥斯卡金像奖和艾美奖。作品成为美国教育部指定的儿童重要阅读辅导读物。

168. 你能做到的最小突破

你能改写《华氏451》① 的一个段落，使其超越布拉德伯里的版本吗？

你能为《黑客帝国》(The Matrix)的剧本添上一页新的内容吗？

你能用单簧管演奏哪怕一个悦耳的音符吗？

与其专注于如何创作出一个杰作，不如问问自己，你能做到的最小的、可以被称为天才的事情是什么？

什么样的一小节音乐、一段文字或一次人际交往，能让人与众不同？

别总想着要去改变世界。首先，专注于创造出一些可以和他人分享的东西。你如何能做出最小的突破，同时让自己感到自豪？

169. 去野外

1972年，赫比·弗劳尔斯（Herbie Flowers）还是一名录音师。他背着他的低音吉他，听别人的命令做事。

戴维·鲍伊② 曾与弗劳尔斯在《太空怪谈》③ 中合作过，所以

---

① 《华氏451》(Fahrenheit 451) 是当代科幻小说大师雷·布拉德伯里（Ray Bradbury）最经典的代表作之一。故事发生在一个压制思想自由的世界里，这里所有的书被禁止，消防员的工作不是灭火，而是焚书。
② 戴维·鲍伊（David Bowie），英国摇滚歌手、演员，多次获得格莱美奖，并获得第48届格莱美"终生成就奖"，是罕见的艺术家。
③ 《太空怪谈》(Space Oddity) 是戴维·鲍伊演唱的歌曲，收录在1969年发行的个人专辑中，是戴维·鲍伊为人所知的第一首歌曲。

当路·瑞德①问鲍伊有没有能推荐给他的人才时,鲍伊把弗劳尔斯介绍给了他。

瑞德让弗劳尔斯演奏一段音乐。当时,弗劳尔斯问瑞德自己是否可以做一些新的尝试。他决定制作一种叠加效果——在他已经录制好的低音贝斯的音轨上叠加10个电贝斯的音。

最终,这段音乐成了脍炙人口的"去野外走走"②的基础音。在20分钟内,赫比·弗劳尔斯创造出了一丁点天才的想法,从此让路·瑞德的职业生涯一帆风顺。

当然,这不仅仅是20分钟的问题。这背后少不了10年来精进演奏技术,不断学习观察和倾听的努力。

170."怎么做到更好"与"怎么做"不一样

召集一伙人来批评某个公司制作的新图标轻而易举,但要找到愿意设计图标的人几乎不可能。我们的社会就是这样的。

我们周围大部分人只是对别人的工作指指点点,或者在别人的工作成果上加以调整、修修补补。

原因很简单:这样做不用承担风险。人们几乎不会去质疑批评者。另外,使用砂纸并不困难,但是使用带锯,甚至在刚开始用铅笔画出草图,那可就难多了。

---

① 路·瑞德(Lou Reed):美国摇滚乐歌手与吉他手,是地下丝绒乐团于1965—1973年的成员之一,被人们尊称为"地下音乐教父"。
② "去野外走走"(take a walk on the wild side)是路·瑞德演唱的歌曲 *Walk on the Wild Side* 中副歌部分的歌词。

你可以从中看出下一步该做什么：去拿支铅笔。

这才是稀缺的东西——能制订计划的人，能带头行动的人。

之后，你很容易就能从擅长使用砂纸的人那里获得帮助，因为你可以说已经完成了几乎所有棘手的部分。

171. 告诉自己创造没什么大不了

起锚之所以重要，一个原因就是它是循环的开始。如果能抵达锚定点，那你就成功了；如果没能达到，那也没什么可沮丧的。这两种情况都没什么大不了的，它告诉我们承诺并不会让我们走向毁灭。面向未来，我们可以许下最诚挚的诺言，只要我们相信自己总有机会将承诺兑现。

但是专业人士不会许太多承诺。

他们只会拥抱实践。

因此才会有人想出"晨间笔记"这种点子，才会有人产生任何想法都将其记录成文字，才会有人在即兴表演中说"好的，那么……"。上述每一种方法都能说服另一半的大脑，告诉自己我们确实有能力按要求完成工作任务。

我们只是承诺去呈现作品，并没承诺结果会怎样。

刚起步时是否能取得好结果并不重要。怎么会刚开始就做得好呢？难道理查德·普赖尔[①]的第一次开放麦表演就能让观众捧

[①] 理查德·普赖尔（Richard Pryor）：美国著名喜剧演员，曾获第49届格莱美终身成就奖及美国演艺界的最高奖项之一——马克·吐温奖。

腹大笑吗？不见得。哥德尔[1]第一次在黑板上算术就彻底改变了数学吗？当然不是。

这些让人们第一次将工作成果呈现给别人的机会会让创作者们建立起信心，告诉他们这是可以继续下去的。展现自己，做到最好，从中学习。

然后不断重复。

172. 怎样才算"好"

没有人愿意做差劲的工作。我们追求的是好，甚至伟大。

但是究竟该如何评判我们的工作？去问别人（或自己）你的作品是否优秀，这可能会让你落入陷阱。

之所以说它是陷阱，是因为你可能会习惯性地用商业上的成功，或者把关者的反馈，来判断好坏。

《哈利·波特》曾被 12 家出版商拒绝，难道它就不是好作品吗？难道它是在风靡全球之后突然变好的？同一本书怎么可能又好又不好呢？

开始之前，你就需要对"好"下个定义。工作是为了什么，又是为谁服务的？如果工作达到了其效果，那就是"好"。如果没能达到，那可能是因为你不幸，或者采取的方法不正确，还有可能是你创造的东西与初衷不符。

---

[1] 库尔特·哥德尔（Kurt Gödel）：美籍奥地利数学家、逻辑学家和哲学家，20世纪最伟大的逻辑学家之一，其最杰出的贡献是哥德尔不完全性定理。

是的,"好"和"尽善尽美"之间有很大差距,这一差距可能永远无法弥合。

173. 怀揣完美想法

知道自己有特别的想法但藏而不露,这些想法别人看不见,有待发掘,这对你会有多大帮助?

你不会江郎才尽的,也不会只有这唯一一次机会。没什么想法是完美的,但你永远有接下来需要呈现给大家的东西。

没人会阻止你发布视频。

没人会阻止你每天写博客。

没人会阻止你挂上自己的艺术品。

唯一能够成功走向下一步的办法就是现在就去行动。

174. 亚历山大的专业例外论 (其结果:创造者的失败论调)

如果你去问医生或理疗师,他们是否认为自己的专业水平高于平均,他们有可能会告诉你他们不仅高于平均水平,而且是远远高于,甚至是在上位圈10%。

斯科特·亚历山大(Scott Alexander)在石板星宝典(Slate Star Codex)博客网站上写过以下内容,指出了导致这种趋势的几个原因:

（1）理疗师的病人通常已经接受过其他医生的治疗。因此，理疗师们会认为自己一定比那个人好。

（2）病人要么痊愈（理疗师会想：哇，我做得很好），要么就不会再来。自信的理疗师可能压根注意不到病人减少，要么可能会将病人减少的情况归结为病人变更了保险公司，或者住址变动了，要么就是已经痊愈了。持反对意见的人是不被看见的，也是沉默的。

（3）认知失调会让一般患者对自己接受的治疗感到满意——他们没有其他治疗方法可以比较，所以默认自己接受的治疗非常到位。

一边要求专业资格证明，一边又欠缺明确的比较标准，这就会导致人才稀缺，意味着在职场上，这些影响因素都被过度放大了。

想想这时候，创造者们还在困境中挣扎，自然会产生自我怀疑。

对创造者来说，总是会遇到一些敌对力量，比如：

（1）大部分工作都是按章程来办的，市场供大于求，因此很多时候我们得到的反馈都是拒绝。拒绝不光来自市场，那些自信满满的把关者们也会拒绝我们，因为他们自诩懂得比我们多。

（2）在工作中会用到很多工具（如键盘），会有相当多的人认为他们也会使用这一工具，所以他们也能做这项工作（或改进我们的工作）。但即使每个人都是专家，能同时对所有细节了如指掌也不太可能。

（3）我们中许多人都曾在一段时间里有过粉丝群（音乐爱好者会关注许多音乐家，不是只关注一个），也会有大量粉丝流失。如果音乐家停止制作音乐，听众很容易就会转移目标。但是如果你的理疗师退休了，那这对你来说就是一个危机，因为你是很难找到替代者的。

（4）一方面，负面批评会比正面反馈更容易传播，所以对我们工作的公开评价大多数都是负面的。从另一方面来说，那些对我们的工作相当满意的人什么也不会说。

（5）虽然我们在创新，但我们现有的客户还是会犹豫不决，因为其他人（实际上可能是任何人）可能会提出更新奇的点子。

（6）创造带来的魔法确实会令人叹为观止，观众（和我们自己）在追寻一个千载难逢的时刻。这种时刻是很罕见的，所以大多数情况都不符合标准。

所有这些都会在文化的部落效应[①]和粉丝的认知失调（结合新的网络现象"脑残粉[②]"）中得以抵消，但这只会对极小部分创造者造成影响。

而这也是典型创造者产生自我怀疑的另一个原因。商业上最成功的创造者和其他创造者不同的地方，就在于他们拥有别

[①] 部落效应由是美国哈佛大学心理学家、哈佛国际谈判项目创始人丹尼尔·夏皮罗（Daniel Shapiro）教授提出，指在现实生活中，人们会不知不觉将自己归为某个团体里，从而和另外一个团体对抗的一种现象。
[②] 原文使用的是 stan 一词，是流行于美国年轻人中形容狂热粉丝的口语化词语。该词来源于美国著名说唱歌手埃米纳姆（Eminem）的一位狂热粉丝，也是埃米纳姆 2000 年发布的同名热门单曲名，用以纪念这位因他而死的狂热粉丝。

人没有的两样东西：一是他们能从自我怀疑中受益，二是群众认知失调。

175. 找到流派，而不流于一般

这个世界车水马龙，没人有时间钻研自己百分之百原创的想法。

接受你工作成果的人希望知道它和什么相关，属于什么分类，可以和什么进行比较。

他们会说，把它放在容器里再给我。我们把这个容器称为"流派"。

这不是廉价的投机取巧，这是在为你想要带去改变的对象服务。

一般性的工作是可以替代的。一罐普通豆子可以由任何公司生产出来，因为它们没有任何区别。

但在某个流派下，我们可以发挥原创性。它给我们提供了一个框架，让我们可以去挑战对抗。

肖恩·科恩[①] 所写的关于"流派"的文章非常精彩。不要流于一般，一般就意味着无聊，而是要找到流派，给你的观众一个提示，让他们知道你的作品是关于什么的。

框架是什么？要花费多少钱？它能让我想起什么？

滑雪场是一种娱乐流派，怪物类电影是一种电影流派。

脱离了流派，你所寻求的变化就无法实现。工作究竟意味着什么，应该为谁而工作，要弄清这两个问题太难了，所以我们选

---

① 肖恩·科恩（Shawn Coyne）在美国纽约出版界拥有25年工作经验，在美国5大出版社任过职，现已成立自己的出版公司。

择回避。

没有人会不顾一切地去买一个复制品,因为复制品不会带来变化。复制品没有太大价值。

流派就像一个有边边角角的盒子,有许多限制条件,创造者们可以加以利用。在流派受到限制的地方,你可以尽情发挥创造力,从而解除某些限制。

为了促成变化,艺术家必须改变其中一个限制条件,让一条边弯曲。

流于一般是陷阱,但找到流派却是杠杆。

176. 从流派开始转变

肖恩·阿斯基诺西(Shawn Askinosie)改变了数百万人种植可可豆、销售和食用优质巧克力的方式。

他首先从一个简单的流派开始:"这是一个巧克力棒。"然后,作为"从可可豆到巧克力棒"运动的发起者之一,他将其扩展为:"这是一个手工巧克力棒。"

在过去的十年里,肖恩和他的女儿劳伦将家族巧克力公司发展成一个价值数百万美元的企业。但该公司有一些令人惊讶的规则:

(1)直接贸易:他们亲自和每一个为他们种植可可豆的农民见面。

(2)直接销售:他们将商品垂直卖给一些小公司,这些小公司将商品直接卖给公众。

（3）开放式管理：他的团队中每个人都会参与到管理工作当中。

（4）在社区长久经营并分享收益：他们支持为他们种植可可豆的人，为密苏里社区的年轻人发展提供帮助。

注意：他制作的商品是不会被认错的。肖恩的巧克力在全球竞争中都占有一席之地，他制作的"原豆精制"豪华巧克力，其定价也是非常精确的。他的包装、客户关系维护、运输系统都自成一派。

有了影响力就会开始转变，找到流派就能逐渐获得影响力。

177. 怎样才能与众不同？

该怎么跟你解释呢，我的朋友？

这样说吧，首先从一个流派入手，理解它、精通它、然后改变它。

西格尔和舒斯特[①]并没有发明漫画这一体裁，但是他们创造出的"超人"形象改变了漫画界；沃比帕克公司[②]也没有发明出眼镜，但是通过革新供应链，他们改变了人们购买眼镜的方式；

---

① 杰里·西格尔（Jerry Siegel）和乔·舒斯特（Joe Shuster）两位编剧共同创作了"超人"这一角色形象，《超人》系列电影作品风靡全球。
② 沃比帕克公司（Warby Parker）是由4位沃顿商学院的学生创办的眼镜垂直电商。创办几年来，已经是成为硅谷最红火的时尚公司之一。其产品以设计新颖、优质低价著称，还推出了在家试戴服务，用户可以在觉得满意后再付款。

柠檬树（Lemontree）这一为穷人服务的众筹平台也没有发明出非营利组织这一概念，但是它改变了非营利组织运营的方式和标准。

在我们变得与众不同之前，必须先从相同开始。

人类和黑猩猩的 DNA 几乎全部相同，98% 以上都一模一样。但是二者之间的区别就在那最后的 2%。

这最后的 2% 就是你所需要的。

那就是你能做到的最小突破。

178. 请承担责任

人们会找理由回避流派这一问题，是因为这需要承担责任。

有人给我们洗脑，让我们认为有天赋的艺术家都要服从缪斯，他们脆弱、以自我为中心、只有天赋没有技术。那他们为什么还需要流派呢？除此以外，还因为我们知道如果选择了一个流派，就相当于做了一个又一个承诺。

如果你告诉大家你制作了一张雷鬼唱片，所有人都会把你和鲍勃·马利[①]做比较。如果你自称在创作绘画艺术，那一千年以来诞生了无数绘画艺术家，你只能往后排。

"这就是我，不属于任何流派"说起来很容易，因为这就是"我"想创作的东西。

[①] 鲍勃·马利（Bob Marley），牙买加唱作歌手，雷鬼乐的鼻祖。1981 年马利病逝后发表的精选集 Legend（1984）截止到 2011 年都是雷鬼乐界最畅销的专辑。

说这种话当然容易,因为人们只会对它视而不见。

然后你就不用承担责任了。

179. 欧内斯特·海明威和你脑海中的小说

内心深处一个好想法都没有的人,我还从未见过。

你有好想法吗?也许不止一个?

我们都会制订计划想要更好地完成工作,或去改变我们关注的组织,或去解决一些让人困扰的问题。我们中有些人会用一首诗、一首歌或一部小说来实现自己的想法。

你和吉尔·斯科特·赫伦[①]之间的区别在哪?他录制了20多张专辑,彻底改变了一种艺术形式。

不是说吉尔的歌曲比你的好,也不是说海明威写的文章比你的好。而是因为他们分享了自己的作品,而你却犹豫不决。

当然,所有工作在起步的时候都是一团糟。刚开始动笔时你是写不出什么好作品的——你是如此,海明威也是如此。

但是,如果你可以像陀螺一样一刻不停地努力,一点一点进步,你就能取得很大进展,最终能够完成工作,给更多人带去感动。

以后有的是时间把作品打磨得更好。现在,你的工作是先去创造作品。

---

① 吉尔·斯科特·赫伦(Gil Scott-Heron,1949—2011):出生于芝加哥,黑人说唱歌手,是说唱音乐领域的先驱。

180. 开会可能有帮助，但很可能毫无用处

随着公司逐渐发展壮大，开会的次数也越来越多，过多的会议甚至会让整个公司瘫痪。

两个原因可以解释这个现象。

第一个原因很简单。越来越多的人加入公司，就意味着需要开更多会议。但是会议太多，甚至都数不过来了，因此人们发明了备忘录，并最终发明了"抱团"（Slack）[①] 这一应用程序。

但是真正的原因是这样的：会议是人们藏身的好地方。开会时，人们只是在等待别人来承担责任。它是个安全的避风港，用来回避可能发生的事。

每次开会的时候，你的工作都会和别人的工作产生联系。如果会议上你的工作伙伴能够将你特别的想法传递出去，并将它们放大让更多人看到，那么你的工作可能会越做越好。

反过来，如果与会的同事关心的只是如何维持社会地位、维持现状，只是在一味否定，那情况就截然相反了。

在过去的二十年里，网络电视的主管们开的会议只是在否定各种想法。但与此同时，HBO 电视台、网飞、娱乐时间电视网（Showtime）的会议却能鼓舞节目统筹，在他们的努力下，节目变得越来越独特，而非趋于一般。

---

① "抱团"是全球最受欢迎的工作平台和团队消息传递应用程序之一。已帮助全球超过63万家公司改善了沟通效率。

给我看你的日程表，跟我说你在关注哪些人的言论，然后我们可以讨论是否遇到了相似的困难。

181. 创造者的建议和诀窍综述

● 养成习惯。每天都要为作品而努力，写博客、写文章、与他人分享、展现自己，每天如此。找到属于自己的习惯，将这个习惯坚持下去。

● 对别人说你都养成了哪些习惯，以此来督促自己。

● 寻找最小范围的受众。让作品得到某些人的喜欢就可以了，不要去迎合所有人。

● 不要走捷径，去选择能够直达目标的途径。

● 找到属于你的流派，拥抱它。

● 寻找必要难度。

● 不要对总想保护你不受伤害的人讲述你的梦想。

第六章

提出主张

182. 提出主张不是寻求保证

2014年12月,法国音乐家乔尔·罗塞尔(Joël Roessel)的发现引起了世界各地素食主义者的极大兴趣:鹰嘴豆罐头中剩下的液体(又称豆子浸泡液)可以打发成泡沫……它可以用来替代生奶油或制作其他调制品。

他发现这件事时我并不在他的厨房,所以不是亲眼所见,但我可以肯定,在他确定这是事实之前,他坚定地认为这可能是真的。

自从有鹰嘴豆罐头以来,罐头内的液体就一直存在,但罗塞尔是第一个如此好奇、敢于提出主张的人。一旦有人提出,接下来我们只需要验证对错就好,方法很容易找到。

"如果我得到这个机会并采取行动,我敢坚信它能创造出价值。"

提出主张是设计和创造的基础。

你可以提出主张,坚信一首诗定能消减一位少年的孤独感;你也可以提出主张,在以太坊上发起一个会议,定能创造出价值和利益;你还可以提出主张,请某种音乐类型的乐迷来听你的新歌,定能有所收获。

183. 阿曼达·西奥多西娅·琼斯（Amanda Theodosia Jones）让更多人听见她的声音

早在罗塞尔提出有关豆子浸泡液和鹰嘴豆这一发现的 100 多年前，阿曼达·琼斯已经发明了水果罐头工艺并取得了专利，后来这种工艺成为全球通用的标准。

琼斯用申请专利赚来的钱（在 19 世纪，她的专利数量是当时所有女性中最多的）创办了女性罐头和保鲜公司（Woman's Canning and Preserving Company），该公司由女性创办，员工也清一色都是女性。在头 3 个月里，她们完成了 2.4 万份订单。

她在找到确切方法之前，就已经坚定地认为水果可以储存在罐子里且保持风味。在接到订单之前，她就已经鼓起勇气创办了这家由女性所有并只雇用女性的公司。

在没人能给你保证的前提下，实践需要提出主张。

184. 自大狂 vs 自我力量

谈到"自我"，人们总是会摇摇头。

自大狂确实不是好事，它是一种自恋行为，这样的人只看得见自己，认为自己生而不朽、无懈可击，所有好事都会降临到自己头上。或者觉得所有艺术都是为自己创作，而且只有自己能欣赏。

但是自我呢？

自我能让我们找到提出主张的勇气。

你有什么权力发表意见，改善现状？

你有什么权力认为自己能有所贡献？

你有什么权力通过某种过程，从一个彷徨无助的新手、举步维艰的平庸之才，最后成长为一个专业人士？

我认为你完全有这个权利。

其实我认为这既是权利，也是义务，因此我们愿和你分享地球上一切资源。

因为我们希望你能够提出主张，献出力量，改善现状。

185. 主张不是固定答案，主张是多样的

总有人催促我们要一个答案，想要确定接下来会发生什么，想要证明我们是对的，想要展示我们的工作成果。

在许多情况下，答案确实是必需的。不管你是否干净利落地解决了问题，有了答案就表示对话结束了，但是答案并不能引导我们去探索。

主张是多样的，是你在努力改善现状。主张不是肯定句，而是说到一半的疑问句。"也许……"是每个主张开头未挑明的词。

在你找到答案之前，你需要先提出主张。

186. 蜂鸣器管理

你可能永远不会参加《危险!》(*Jeopardy!*)这一节目,但如果你去参加了,我可以告诉你一个取得好成绩的秘密:

你要在知道答案之前按下蜂鸣器(而不是等思考一段时间找到答案之后再按)。

只要你觉得自己能想出答案,即使不确信是否正确,也要按下蜂鸣器抢答。

然后当亚历克斯[①]叫你起来回答时,你就有话可说了。

很多时候,我们总是在等待,直到确定自己是对的。

但你最好先去提出主张。

然后再寻找答案。

187. 有意图的行动需要提出主张

有意图的行动不是被动的,而是主动寻求变化的过程。

在带着意图行动时,我们无法回避周围人的目光。提出主张,我们就能得到关注,让更多人参与进来。

你的主张不一定是针对一大群人,也不一定要非常肯定。但它必须能够弥合你我之间的距离感,连接现在和未来。

主张是一种承诺,承诺会去尝试、去分享。你承诺称即使失败,

[①] 亚历克斯·崔贝克(Alex Trebek,1940—2020),生前是美国益智节目《危险!》的主持人,在过去 30 年里主持了该节目近 8 000 期。

也会让我们知道失败的原因。

188. 主张是多样的

提出主张，就能改善现状。

"情况我了解了，我会想出改进办法。"

找到你的受众，向他们分享你的观点；提出一个新想法，向他们征求意见。

你只有在明确"为了谁""为什么"之后，才能开始有目的的行动，这也能帮助你找到自己的主张。

很多时候，主张可能是说给自己听的。毕竟现在就邀请受众评价我们的工作成果还为时过早，但只要你找到了主张，良性循环就已经开启，它会助你走向更好的明天。

189. 提出后续问题

你的主张不是为了展示职权。业务经理们手握权力，所以他们不需要提出自己的主张，他们只需要下命令。

但作为一个创造者，你不该靠职权来引领受众。相反，你依靠的是智慧、洞察力，以及愿意承担责任时的勃勃野心。

如果你要承担这份责任，首先要确定人们能够理解你刚刚提出的主张。

因此，人们会问一些后续问题。

你的计划有什么影响、后果、副作用？有什么应急计划？如果计划成功会有什么变化？（不成功呢？）

如果你带领的人都是全身心投入的人，那他们提出后续问题的原因不是出于怀疑或缺乏信任。恰恰相反，真正的同伴，愿意和你并肩前行的人，才会提出这样的问题。

如果你问大家"谁还有疑问吗"，但没有任何回应，那你可能需要吸引更多人参与进来，更明确地说明你的主张。

190. 秘密行动

专业的创造者想要改变文化。当然，不是文化的全貌，只是一小部分。

文化的产生就像是一次秘密行动，有一群人自发加入去寻找和外界的联系、寻找一份安全感。

你的主张会让文化开始转变，因为你是在邀请志同道合的人加入你的行列。

安迪·沃霍尔[①]的"旅程"是和一群人一起开始的。他不仅会和像他一样的画家交流，还会和音乐家、电影制片人、收藏家在一起进行思维碰撞。他没有改变整个世界，但他改变了世界的一部分，他是从挑战、改变他周围的人开始的。

[①] 安迪·沃霍尔（Andy Warhol，1928—1987）：美国近代艺术家，被誉为20世纪艺术界最有名的人物之一，是波普艺术的倡导者和领袖，"大量复制"当代著名人物的脸孔（如玛丽莲·梦露）就是他最著名的系列作品。安迪热爱社交，经常在自己的工作室和迪厅等地和许多顶尖艺术家、音乐家、电影人交流。

艺术和艺术的神奇力量不会凭空产生。即使有互联网的帮助，你也需要其他人和你一起踏上这段旅程。而你的主张，无论是口头上的还是行动上的，都可以作为这段旅程的起点。

　　组织这样一次"秘密行动"吧，它会给你的艺术添一把火。

第七章

习得技能

191. 关于能力提升的真相

我发现"平凡"的意思与我过去所认为的并不相同。

"平凡"实际上指的就是现实世界:一个以实践为主导、以技能为基础、以现实为中心的世界。

研究人员丹尼尔·钱布利斯(Daniel Chambliss)在他的杰作《卓越的平凡》(The Mundanity of Excellence)中,找到了一种绝佳实验方法,用于测试人的能力是如何提升的。

他观察了游泳运动员的运动习惯、生活背景和能力表现,并发现游泳运动员是非常理想的研究对象,原因是:

(1)等级区分明确。无论是参加乡村俱乐部联赛的选手,还是奥运选手,参赛者在一个时间节点上只能维持对应的等级水平。

(2)水平易于衡量。游泳不像花样滑冰需要依靠裁判的判断。

(3)几乎没有外部干扰。泳池不会改变,不受运气影响,时间就能反应成绩好坏。

(4)竞争者数量庞大,而且相当多样化。

以下是研究发现:

在训练时间上,各类运动员没有太大差异。水平较高的选手并不会花更多时间训练。

社会关系也没有太大差别。最高水平的运动员和勤奋但水平低的运动员一样有很多朋友,一样过着正常的生活。

并不存在天赋上的差距。没有人天生就能游得比别人快。

事实上,伟大的竞技选手和一般运动员之间有两个关键区别:

(1)技能差异。和游得不好的人相比,最好的运动员游泳的方式不同。他们划水的方式不同,转身的方式也不同。这些都是通过学习和练习可以获得的技能。

(2)态度差异。最好的运动员对待训练的态度不同。其他人避而远之的部分,他们却能从中寻找到乐趣。

这就是他们的实践之道。

游泳文化并非只有一种,而是有好几种。在乡村俱乐部泳池里游泳的人和大学校队的运动员在技术、方法和心态方面都截然不同,而大学校队的游泳文化与国家级游泳比赛的文化也大相径庭。

事实证明,训练时间或DNA并不能改变训练结果,结果的好坏取决于人们是否相信自己的可能性,是否能得到周围环境的支持。

创造者的态度比别人更好,因为他们知道要相信过程的力量,相信自己能在过程中有所收获。

当然,态度也是一种技能,这对我们来说是个好消息,因为它意味着只要我们对某一技能非常感兴趣,就可以通过学习习得。

192. 找到同行者

一些文化机构（如茱莉亚学院①、黑山学院②、蓝调爵士乐、演员工作室③等）的故事总是令人惊叹，因为在这些神圣的地方，人们可以学到、体验到一些不为人知的神奇奥秘。

那就是，你会在这里遇到一群志同道合的人。

文化标准和社会规范对我们是否选择实践、是否有勇气全身心投入工作，有着非常大的影响。

鲍勃·迪伦从明尼苏达搬到格林威治村④不是没有原因的。

文艺复兴时期许多著名画家来到佛罗伦萨⑤也不是没有原因的。

当你身边有许多值得尊敬的同行者时，你就更有可能去追逐最初的梦想。

如果身边没有这样的人，你应该去找一找。

---

① 茱莉亚学院（The Julliard School）始建于 1905 年，位于美国纽约市林肯中心，是世界上顶尖的专业音乐学院、舞蹈学院和戏剧学院，专门培养从事音乐演奏、创作的高级人才，录取率只有 6.0%（2018）。
② 黑山学院（Black Mountain College），坐落于美国北卡罗纳州（North Carolina）的一座叫作 Black Mountain 的山脚下。黑山学院对战后美国艺术及后来的波普艺术（Pop Art）有很大影响，奠定了它在美国艺术教育界的地位。在黑山学院，学生和老师没有身份界限，学生没有必修课程，没有评分制度，甚至学生自己可以决定什么时候毕业。
③ 演员工作室（The Actors Studio）创办于 1947 年，位于美国纽约，由一群热爱表演的演员、作家、导演创办而成，对美国戏剧和电影产生相当大的影响，以"方法派"而著名。著名演员如：马龙·白兰度、玛丽莲·梦露，如今的朱莉娅·罗伯茨等均出于此。
④ 格林威治村（Greenwich Village），位于美国纽约市西区，20 世纪那里聚集着各种各样的艺术工作者，艺术氛围浓厚，鲍勃·迪伦在 60 年代辍学来到这里，开启了自己的音乐生涯。
⑤ 佛罗伦萨（Florence）位居意大利中部，在文艺复兴时期，佛罗伦萨依靠得天独厚的地理条件和人才优势，迅速发展起来，此后一直作为意大利，乃至欧洲的文化中心而存在，到现在依然是全球很有影响力的艺术中心。

有目的地去寻找同行者，不要守株待兔，也不要在原地等着被别人选择——你可以主动组织一个由艺术家们组成的朋友圈，人们会相互激励鼓舞。

193. 多少年才算多？

罗伯特·卡罗（Robert Caro）是 20 世纪著名的传记作家，创作了多部影响深远的传记作品。但是刚起步时，他几乎没能完成第一部巨著《权力掮客》（*The Power Broker*）。当时他辞去了记者的工作，拿着微薄的预付款，带着一家人搬到一间小公寓。年复一年，他为了完成这本书历尽艰辛。他已经写了 100 多万字，但始终看不到尽头。

1975 年，他把当时自己的失意绝望写成一篇悲剧故事，投给了《纽约时报》。他不认识任何作家，他的朋友、出版商几乎都不支持他，或者说，几乎没有任何人支持他。

然后……他得到了一把纽约公共图书馆里屋的钥匙。只有 11 位作家有这种钥匙，图书馆给每位作家都提供了一张桌子以供写作。

他说："有一天，我抬头一看，詹姆斯·弗莱克斯纳[①] 竟然就站在我身边。他一脸友好地问我在写什么，我回答了他之后，他又问了一个我一直害怕面对的问题：'你写了多长时间？'然而这一次，当我回答'写了 5 年'后，我并没有像往常一样看到

[①] 詹姆斯·托马斯·弗莱克斯纳（James Thomas Flexner），是《乔治·华盛顿传》（*Washington the Indispensable Man*）的作者。

人们那种难以置信的眼神。"

"哦,"詹姆斯·弗莱克斯纳说,"那不算太长啊,我已经在《华盛顿传》上花了9年时间。"

当时我真想跳起来亲吻他,哪怕亲到胡须也行——接着第二天,我见到了蓄着大胡子的乔·拉什[①],他问了我同样的问题。听完我的回答后,他用那种独特的平静语调对我说:"《埃莉诺与富兰克林》花了我7年时间。"我同样激动得想亲吻他!不过两三句话,这两个人——两位都是我的偶像——便解决了困扰我5年的疑惑。

找到和你志同道合的人,愿意慷慨分享的人。

194. 没人能成为超人

超人让人审美疲劳。每当超人陷入新的困境,或者读者感到厌倦时,西格尔和舒斯特就会给超人添上一种新的超级力量。

X光眼、飞行能力、时间旅行、橙色氪石、热视力——克拉克[②] 原本只是在斯莫维尔长大的孩子,这些超能力都是很久之后加在他身上的。

[①] 约瑟夫·拉什(Joseph P. Lash),是《埃莉诺与富兰克林》(Eleanor and Franklin)的作者,凭借此书赢得1972年普利策传记文学奖。
[②] 超人出生于氪星,在氪星面临毁灭之际,他的父母将尚在襁褓中的超人用飞船送到了地球。飞船坠落在美国堪萨斯州的斯莫维尔(Smallville),超人被农场主肯特夫妇发现,并以克拉克·肯特(Clark Kent)的地球名字抚养长大。

这种无懈可击的超级英雄模式存在一个问题，那就是这样的人实在太少了。如果只是在其中一两种技术上倾力投资，那还有可能成功。如果我们能拥有这么多超能力，还没有变成妄自尊大、丧失意志的人，我们可以作出真正的贡献。

挑战，就是要努力获得一种"超能力"，和其他的能力相比它非常突出。如果随着时间的推移，你能拥有更多能力，那就更好了。

但首先从一种能力开始。

195. 获得超能力需要全身心投入

让我们以几个机构为例来理解"全身心投入"的含义。

要想横跨整个国家，将一个易碎的大件物品安全运送到目的地，你绝不会考虑联邦快递（FedEx）。他们的"超能力"是速度，不是保证包裹毫发无损送达。相反，让艺术品运输公司把花瓶送到新家虽然会花费较长时间，但他们的一流服务（运输人员真的会戴白手套）显然比联邦快递更合适。

"你可以选择任何人，而我们就是任何人"这种说法并不能赢得客户、赞助商或支持者。因为如果你可以是任何人，搜索引擎也一定会把人们引向其他很多和你一样的"任何人"，这一点要特别注意。

只有全身心投入，联邦快递才能提供快速又低价的快递服务。他们做出的大量抉择，都是为了实现这一目标。如果你想让联邦快递运送一个非常大（但非常轻）的箱子，你会发现其要价不是 30 美元，而是 450 美元。因为这破坏了他们快递系统的规则，而这个系统就是他们的超能力。

每当我们提到一些令人钦佩的艺术家，他们名字背后都有其象征意义。而想要成为某个领域的象征，就必须要全身心投入。

196. 伟大的人要学会忽视

个人比组织更难获得超能力，因为你我都是独立的个体。如果你要在某些方面表现非常出色，那在其他方面就肯定会逊色。

幸运的是，现在你可以把许多不擅长的事外包出去，这样外界也能看到你的智慧和专业。

但首先，每个人都必须选择，选择我们自己能向外部世界展示的技能。

但做出这一选择的代价是要忽视过去的一些工作成果，因为到头来你会发现这些过去只会让你分心。

197. 成为世界上最好的

在《低谷》中，我写到要"成为世界上最好的"。这并不意味着你方方面面都要做到最好，"世界"也不是指我们所在的地球。

"成为世界上最好的"是让拥有选择权、拥有信息的人选择你。因为你能提供的"最佳"的服务和他们追求的方向一致,你在他们的考虑范围内(被纳入他们的世界)。

图森[①] 有一位皮肤科医生,他治疗过的皮疹病人康复率明显更高,但假如你住在爱荷华州,那这对你来说并不重要。因为,街角那位医生的诊疗态度、声誉和保险政策还不错,显然她才是你的最佳选择。重要技能方面的微小差异并不重要,至少在这里、在此刻,它并不重要。

归根结底,我们的目标是成为世界上最好的自己。为你想要改变的人提供只有你能提供的服务,通过你的行动、你的为人处事赢得声誉。你的与众不同、你的主张、你的艺术,让你成为最好的自己。

提出主张,去习得一种"超能力",一种值得等待、寻求,值得为之付出的超能力。

你要相信这个过程会让一切成为可能,相信除了你之外没人能做到。

198. 习得技能

传统观念里,人们普遍认为艺术家、歌手、工匠、作家、科学家和炼金师都会在冥冥中找到自己的使命,然后找到一位

[①] 图森(Tucson)位于美国亚利桑那州南部皮马县(Pima County),是该州第二大城市(仅次于菲尼克斯)、美国第 32 大城市。

师傅拜师学艺，最后习得技能。但是，我们虽然可以教你演奏音阶，想要演奏的渴望我们是教不了的。我们不能随便把街上的行人带走，让他们去研究科学或去唱歌，这太荒谬了；而要让他们坚持做下去，直到他们真的对这件事产生兴趣，就更是天方夜谭了。

现在我们的社会已经研究出了批量教学这种方法，我们说服自己，认为唯一可教的就是有明确衡量标准的"硬"技能[①]。

但是我们不应该有这种想法。

我们可以教人们如何作出承诺、克服恐惧、做事磊落、主动出击、计划行动路线。

我们可以教人们如何保持终身学习的热情、如何表达自己、如何创新创造。

但同样重要的，我们必须要承认我们无法教授勇敢、创造力、主动性，而且可能一直如此。

现在，技能比以往任何时候都更容易获得，我说的不仅是有明确衡量标准的技能，还包括那些激励我们奉献、帮助我们建立声誉的真正的技能。

所以，你还是要先学会学习。

[①] 硬技能（hard skills）是你从事某项工作所需要的技术技能和知识，是工作中有清晰指标并可以被观察、量化及测量的技能，如编程能力、打字速度等。与之对应的是比较难以界定的软技能（soft skills），如沟通能力、表达能力等。

199. 你能让人们喜欢上印度食物吗？

在克利夫兰[①]或托皮卡[②]，你很难找到喜欢吃坦度里烤鸡或温达鲁虾的美国孩子。然而在孟买，同龄孩子每天都在吃这些东西。这种差异明显与遗传学无关。

也许在孟买，家家户户对待食物的方式就像学校里老师教学生新课题一样。首先教孩子们印度食物的历史，然后要求他们记住一些食谱，最后还要测试。从某个方面来说，这种教学方法能让人产生对食物的热爱。

但事实当然不是这样。

各地有各地的饮食标准，各地饮食文化以不同的方式渗透到人们生活中，所以世界各地都有独特的饮食文化。这种文化预期是非常重要的。即便它不是你真正的选择，你长大后会做些什么、吃些什么、唱些什么，也都有个定数。

如果文化足够强大，能够影响我们吃什么，影响我们说话的方式，影响其他种种社会规范，为什么不能教我们如何创造艺术？为什么文化不能教人们如何设定目标、保持热情、产生好奇心、拥有说服力，并为这些能力制定衡量标准？

它其实可以。

而且你不必原地等待，现在就可以开始。

---

① 美国俄亥俄州克利夫兰市（Cleveland），在大型工业衰退后，成为金融、保险和医疗中心。
② 美国堪萨斯州首府托皮卡（Topeka），是中部平原农业地带工商业中心。工业以食品加工为主，还有制药、轮胎等。城南有空军基地，以精神病治疗中心地著名。

200. 领域知识：你阅读了吗

假设你要参加一个读书小组会议，在会上对没读过的书发表意见，这简直荒唐。

假设你要参加一个博士研讨会，还要参与讨论，但是连会议材料都还没读过，这就更荒唐了。当然，如果一个外科医生连他所在领域最新发表的期刊都没看过，你肯定不愿意让他给你做手术。

第一个障碍：你是否知道阅读（"你"的阅读）必须包括什么？阅读清单上要涵盖什么内容？你的领域专业性越强，清单上的内容就越清晰。

当然，阅读不仅仅是读书或期刊。当你不断克服困难想要做到最好，想让自己不落后于人，不断深入理解一个领域，这些过程都是在阅读。

阅读能让你觉察到艺术的最新动向，阅读帮助你形成清晰的逻辑思维，或者更胜一筹，让你有勇气去挑战。但阅读需要付出努力。

如果你不阅读，怎么能期望别人把你当作专业人士呢？

一位播音员问了我一个问题，然后我问他是否欣赏克里斯塔·蒂佩特[①]的职业道路。他一脸茫然。

[①] 克里斯塔·蒂佩特（Krista Tippett）：美国女记者、主持人、作家，现就职于美国第二大电台，曾为新闻周刊、BBC等著名新闻机构做报道。

一位同事向我解释说他目前在做模因学①方面的工作,对播音行业不了解。接着我又问到了道金斯②和布莱克莫尔③。毫不意外,他也不了解这两个人,显然他没有阅读相关信息。

从事食品工作的健司(Kenji),出版界的卡德(Cader),零售产业的昂德希尔(Underhill),直邮文案写作领域的路易斯(Lewis),等等。

你不必喜欢他们的工作,不必赞同他们的主张。但你要知道他们是谁,他们说过哪些话。

业余人士和专业人士之间的界限一直很模糊。但对我来说,愿意去了解一个领域的开拓者,也愿意去了解最新动向,这种态度是非常重要的。

因为技能是可以习得的。

201. 好品位从何而来?

在你的受众或客户知道自己想要什么之前,你就已经知道他们想要什么,这就是好品位。

---

① 模因学(memetics)是达尔文计划理论在社会科学领域的应用。由生物学家里查德·道金斯在他的科普读物《自私的基因》中提出,他认为文化传播的途径也是复制,并结合基因(gene)与希腊文中的模仿(mimeme)造出一个新的词语模因(meme)。这个词语的意思是:文化的基本单位,通过非遗传,特别是模仿的方式进行传播。
② 理查德·道金斯(Richard Dawkins):英国著名演化生物学家、动物行为学家和科普作家,英国皇家科学院院士,牛津大学教授。
③ 苏珊·布莱克莫尔(Susan Blackmore)英国女作家、演说家,普利茅斯大学客座教授,在模因理论领域有深入研究。

好品位来自对领域知识的透彻了解，再加上胆量和经验，知道如何调整人们的预期方向。

不断调整方向，观察市场变化，从中学习，这就是好品位的定式。

如果你比某个流派的追随者还熟知这个流派，也非常清楚从这个流派中能得到什么，那就说明你拥有好品位。

要注意的是，市场不止一个，你会面对许多市场。你认为受众会喜欢什么，如果他们真的喜欢，那就说明你的品位很好。

以自己为中心去创作，不考虑别人，这是投机取巧。在这样的情况下，如果你喜欢的和客户喜欢的总是一拍即合，那说明你做得不错……但随着时间的推移，客户们几乎都会离开，最终你会落得像利伯雷斯[①]或路·瑞德一样的结局。他们依然在创造，但听众已经所剩无几。

202. 知识是获得技能的捷径

布赖恩·科佩尔曼（Brian Koppelman）是著名的编剧和节目主持人，他看过的电影比你看过的多得多。在我所认识的人中，他看过的电影数量可能是最多的。这不仅仅是出于热情。他对前人的工作有着深入理解，这就给了他一个平台和立足点，让他知

[①] 利伯雷斯（Liberace，1919—1987）：美国著名艺人、钢琴家。因为精湛的演奏技巧和华丽的表演风格为大众所知，演艺生涯长达40年。曾举办音乐会、发行唱片、参与电影电视的演出和获得广告代言，多栖发展，闻名世界。但职业生涯后期因奢靡的生活作风饱受诟病，损失了大量粉丝。

道下一步该做什么。

在我的成长过程中，克利菲尔德公共图书馆科幻小说区的每一本书我都读过。从阿西莫夫[①]到泽拉兹尼[②]，我全都拜读过。十年后，在我准备推出一系列科幻电子游戏时，此前积累的领域知识给了我很大帮助，让我知道什么样的内容能够成功。

这和抄袭不同，事实上我们必须避免抄袭。商业领域里最好的作品只是会让人们联想到之前见过的其他作品。

创造不是自我复制，创造自有规律。

203. 找到自己的色彩

如果你一口气把 45 集的《巨蟒剧团之飞翔的马戏团》[③] 全部看完，你会立马发现，任意一集、任意一个时刻，剧情都带有明显的巨蟒剧团风格。同样，《星球大战》系列电影、《哈利·波特》丛书也是如此。

这就是他们自己的色彩。他们在自己独特的领域中无可取代，并且始终如一。

这不是单调叠加，也不是自我复制，而是有规律的。剧集里

[①] 艾萨克·阿西莫夫（Isaac Asimov）美籍犹太人，20 世纪最顶尖的科幻小说家之一，曾获代表科幻界最高荣誉的雨果奖和星云终身成就"大师奖"。
[②] 罗杰·泽拉兹尼（Roger Zelazny）：美国著名科幻大师，在他 32 年的创作生涯中一共获得 6 次雨果奖，3 次星云奖。
[③] 《巨蟒剧团之飞翔的马戏团》（*Monty Python's Flying Circus*）是由英国喜剧团体巨蟒（Monty Python）编剧创作、制作、导演、演出完成的超现实小品喜剧作品系列。节目在 1969 年 BBC 电视台首次播出，一共 4 季。

几乎每一帧都能显示出创作者的个人色彩（和特异性）。

为了在短期内得到成果，我们迫于压力不得不抹掉所有个人风格。但事实上，经得起时间考验、能找到自己观众群的作品，往往都是个人风格鲜明的作品。

它自成一派。

第八章

寻找制约因素

204. 制约因素为艺术创造可能性

人们总是忍不住抱怨一些条条框框。比如没法给 Kindle 电子书加上漂亮的插画，也没法按照自己的期望把电子音乐制作得那么精致。你没有足够的时间，网速不够快，或者你压根没有足够的钱。

但如果没有制约因素，就没有紧张感，也就没有能创新或制造惊喜的机会。

PS Audio 公司制造的音响设备是全世界最好的，而且几乎所有产品价格连竞争对手同类产品价格的一半都不到。这是因为他们的产品都是大规模组装的，选择产品零部件时也充分考虑了成本问题。

如果没有解决这些制约问题，他们最后也只能和那百来个不考虑成本的小众设计师一起竞争，而且其他方法也不太可能让他们的产品有明显的改善。

因为选择了主动应对制约因素，他们自始至终都知道下一步该做什么。这些制约因素就是他们工作的基石。

所有创造性的工作都会有制约因素，因为所有的创造都是在现有制约因素的基础上寻找新的解决方法。

205. 图标界的偶像

苏珊·卡雷面前有 1024 个方块。没错：32×32，一张简单的网格。

她用图纸和铅笔创造出的个性图标被应用在苹果电脑上，以及过去几十年里人们使用的每一台计算机设备上，这些图标都是以她的创新为基础设计出来的。她设计了第一种流行的位图字体、小巧的文件夹、画笔以及所有智能设备上都能看见的笑脸图标。

有些人只能看到制约自己的因素，比如抱怨颜色不够清晰或分辨率不够高。而苏珊作为一个专业人士，虽然看到了 1024 个方块带来的限制，但却微笑应对，因为她知道，制约因素是通往重要工作的平台。

206. 曼陀林在哪里？

R.E.M.[①] 是一个知名的独立乐队，但从来没创作出一首红极一时的流行歌。在摇滚乐这条路上走了 10 年，他们发觉自己陷入了困境。

"我对吉他有些厌烦了，"彼得·巴克（Peter Buck，乐队的吉他手）告诉《滚石》杂志，"我每天都要弹 8 个小时的吉他。"

[①] R.E.M. 乐队（又译为快转眼球乐队），成立于 1979 年，是过去的 20 年里最有影响力的乐队之一。他们的另类音乐风格，独立音乐创作的特点都影响了整整一代人，在美国社会草根阶层中的影响力尤其突出。

到制作新专辑的时候，乐队成员一致同意要应对这些新的制约因素。

首先，他们决定不再巡回演出：他们在录制《超时空》（*Out of Time*）这张唱片的那一年只做了不到20场演出。贝斯手改用键盘，鼓手改用贝斯，吉他手巴克也不再弹吉他，而是演奏曼陀林。

"因为彼得不想再弹电吉他，所以我们也开始尝试用不同的思路写歌，"一个乐队成员说，"在原声吉他、曼陀林、巴拉莱卡或其他乐器上写的歌，和在电吉他上写的相比有很大不同。因此我们决定用不同的乐器来写歌，而不是强迫自己写一些只有声调在变化的歌曲。"

解决制约因素不是什么难事，但这种脱离日常的不适给乐队带来了紧张感，注入了新的能量。之后这张唱片登上了排行榜，并在榜两年多。

207. 回旋余地

这本书再写长一点会更好吗？

在遇到制约因素时，创造者们的第一直觉可能是去多做一些事。比如使用更多颜色、利用更多资源、花费更多时间。去抨击那些让我们束手束脚的限制，因为要是有更多回旋余地，或许神奇的事真的会发生。

因此，网络电视编剧希望能在有线电视台工作，有线电视节目统筹认为把内容拍成电影可能会更好，而电影制片人也希望能更进一步。

但是……最有价值的作品往往是现场录制的,不会重复拍摄,没有特效加持,预算也很吃紧。

因为有了这些制约因素,我们才能创造出艺术。

艺术是用新颖的方式解决问题,而解决问题免不了要遇到制约因素。

208. 你无法打破固有思维

固有思维就像一个方方的盒子,盒子之外暗无天日,寒冷刺骨。但盒子边缘呢?

盒子边缘是你可以利用的资源。当你找到盒子边缘时,你已经来到了前人都不敢驻足的地方。从这一边缘开始,制约因素不再是借口,而是可以转变为优势加以利用。

209. 巨蟒找到了[①] 圣杯

最初的"巨蟒"(Monty Python)电视节目有着很多制约因素。节目时长短、预算低,只能采用群戏的表演方式;节目采用黑白拍摄手法,几乎没有任何宣传活动。但事实上,这个节目能成功

[①] 《巨蟒与圣杯》(*Monty Python and the Holy Grail*)于 1974 年上映,是一部由巨蟒剧团制作的电影。本片是唯一一部进入 IMDB 排名前 50 的"无厘头"电影,片中"巨蟒团"6 名核心成员每人出演了 4~10 个角色,包揽片中大部分角色。

恰好是因为限制因素多。

由于期望值很低，几乎没有人监督演员和编剧的工作。正因为没有人对它抱有很大期望，所以他们才能侥幸发挥所长。

巨蟒剧团制作的最热门的电影也是如此。预算太少，舞台布景和演员服装都让人捧腹，甚至影片的结尾部分好像就是在编辑室里拍出来的。

而这也正是椰子[1]会让人捧腹大笑的原因。

你有没有发现，大制作的喜剧片几乎都不好笑？

210. 苏珊·罗滕伯格（Susan Rothenberg）画的马

她的画上没有花哨的背景、高度抛光的大理石，总是只有马。

戴维·塞达里斯、肯·伯恩斯和奥普拉[2]都是处理制约因素的大师。给他们安排一个布景、设计一种方法、提供一份预算，他们就可以将这些资源发挥到极致。

全盛时期，美国公共电视网（PBS TV）旗下有朱莉娅·查尔德[3]、罗杰斯先生[4]、鲍伯·鲁斯[5]这几位主持的节目，还有《芝麻

---

[1] 椰子是《巨蟒与圣杯》这部电影中的搞笑元素，把椰子掏空劈成两半互相敲击就会发出马在奔跑的声音。
[2] 戴维·塞达里斯（David Sedaris）：美国喜剧演员、畅销书作家；肯·伯恩斯（Ken Burns）：美国电影导演；奥普拉（Oprah）：美国著名脱口秀主持人。
[3] 朱莉娅·查尔德（Julia Child）：美国女演员、编剧。
[4] 弗雷德·罗杰斯（Fred Rogers）：美国最著名、影响最深远的儿童电视节目制作人及主持人，参演过多部电影。
[5] 罗伯特·诺曼·鲁斯（Robert Norman Ross，1942—1995）：艺名鲍伯·鲁斯（Bob

街》（Sesame Street）动画，这 4 个标志性节目的总预算甚至都不够拍摄一个主流网络节目。

找到制约因素并接受它们，是创造性工作获得成功的共同点。

211. 人们最爱提到的制约因素

时间

金钱

形式

团队成员

用户信任

素材

技术

规章制度

科学定理

既存现状

你可能只能解决其中一两个问题，除此之外束手无策。剩下的怎么办呢？既然它们不会凭空消失，你可以选择逐个了解每项问题，凭借这些制约因素继续创新。

了解制约因素，知道如何应对，也是实践的一部分。

Ross），美国画家、艺术指导与电视节目主持人。

212. 改变世界不是改变一切

比尔·普特南（Bill Putnam）通过发明混响改变了录制流行音乐的发展。1947 年，他在浴室里用一支麦克风和一台扬声器制造出了混响音效，把《心爱的女孩佩吉》（*Peg O' My Heart*）这首歌变成一首大热歌曲。

因为大胆创造出了人工混响，他打开了一扇音乐大门，现在我们听到的在录音棚里制作的音乐都在使用混响。他的尝试并不是为了出名（事实上他也没有出名），也不是为了改变一切。相反，正是因为他只想要改变领域内一个小角落，所以他才选择去尝试。

我们所寻求的改变可能确实很渺小，但是改变的影响会慢慢传递开来。

一张唱片、一次交往、一个人……也许就足够了。

213. 傲慢扼杀梦想

世界上到处都是过度自信的人。因为过度自信，所以玩忽职守、弄虚作假、违背承诺。过度自信就是傲慢。

你绝对不想让一个过度自信的外科医生给你治疗，甚至公交车司机过分自信，你都不愿意搭他的车。从定义上看，过度自信会让人陷入险境，让人们拒绝做充分的准备工作。

但是，实践要求我们在工作时不去依赖结果，而是要充分信任自己。这不是过度自信,这种尝试正是出于对陷阱和傲慢的谨慎心理。

一个人对自己的信任再多都不为过。

当我们信任自己,我们关注的是过程,而不是结果。这里的"过程"指的是工作的过程,虽然关注结果但并不强求结果发生的过程,准备和修改的过程,还有怀抱热诚、不断奉献的过程。

信任自己不会让你过度自信,因为你关注的是过程,而不是无法兑现的承诺。

事实上,过度自信可能是你不信任自己的表现。因为过度自信和其他制约因素一样,是一种自我逃避。不要因为忽视了实践而毁了自己的工作。要相信自己能找到前进的道路,要培养强大的韧性,坚持在实践之道上走下去。

214. 月球被尘埃覆盖住了

如果是的话,尘埃有多厚?

美国国家航空航天局(NASA)的飞船成功登上月球并安全返回时,"尘埃理论"引起了一场激烈争论。康奈尔大学的托马斯·戈尔德(Thomas Gold)教授坚持认为,月球表面完全被细小的灰尘覆盖,深度不详。如果月球表面不坚固,宇航员可能无法着陆,甚至无法从月球表面起飞。

因为过度自信,NASA没有考虑到月球登陆器会沉入灰尘深处、宇航员永远无法返回的可能性,阿波罗11号本来会以这样的状态登上月球。但最终经过深思熟虑，NASA还是决定采取另一种方法。在20世纪60年代中期，NASA首先发射了无人探测器"游骑兵"（Ranger）和"勘察家"（Surveyor），主要原因是为了确定月球上的尘土有多深。

为了安全起见，阿波罗11号登月舱的每条支架上都有37英寸宽的着陆垫——比在确定土壤密度的情况下使用的要宽得多。这说明人们对风险有清晰的认识，并想要降低风险。

尼尔·阿姆斯特朗（Neil Armstrong）在月球上行走时说的第二句话是："月球表面覆盖着细小的粉状物，我可以用脚趾毫不费力地把它捡起。"

阿姆斯特朗充分信任自己、信任过程，所以他成了传奇人物，但他从不认为执行任务就是保证任务完美成功，这两者是不该被混为一谈的。

215. 相信过程

对自己的信任不是妄想出来的自信，与结果好坏无关。

事实上，我们应该学会相信过程，这是实践的核心。我们可以提出自己的观点，学会更透彻地分析问题，然后分享作品（反复多次）。我们这样做不是为了赢，而是为了奉献。这是一种慷慨的表现，而不是自私的行径，只要是出于善意，我们都可以去做。

实践本身就是回报。因为渴望改变现状，所以我们才会信任自己，去做一些有意义的事。

在没有人能保证努力会有回报的情况下，人们还是能够学会走路、说话或者骑自行车。只有努力才是我们能控制的，而非结果。

通过寻找（并运用）实践之道，我们可以为我们关心的人献出一份力，可以找到前进的道路。这条路并不总是通往成功，但我们可以凭借对自身的信任，坚持走下去，全身心投入，学习如何做得更好。

另一条道路则会带来伤害。当我们开始怀疑自己对实践做出的承诺时，心中就只剩下恐惧了。当我们需要用结果来证明自身价值时，就会变得很脆弱，面对实践之路上不可避免的失败时，会难以坚持下去。

在"做自己"这件事上，没人可以比你做得更好。而最好的你就是那个不断努力、勇往直前的你。

你的工作永远都有提升的空间（对所有人来说）。

但它已经足够好了（对某些人来说）。

我们能做的，就是投身实践，让最好更好。

216. 实践的要素

创造是一种选择。

不去追求确定性。

选择自己。

结果只是副产品。

别太快满足。

寻找快乐。

理解流派。

心怀慷慨。

分享作品。

从分享的过程中学习。

别寻求保证。

与恐惧共舞。

拒绝平凡。

学习新技术。

促成改变。

了解真实的世界。

寻找优质客户。

成为过程的主导者。

信任你的自我。

不断重复。

217. 你不是掌舵人，但你可以掌控自己的人生

时间如何度过，问怎样的问题，养成怎样的洞察力，都由你自己掌控。

在强大的横向组织中，我们每个人都能决定下一步学什么，下一步和谁交谈，之后要推进什么。

要拥有这种新形式的自由，我们就要养成一种愿意分享自己

的想法的习惯，即使是在不方便或害怕的时候也要敢于分享。

如果没有信任，我们就会选择逃避，让机会悄然溜走。

最重要的是：在你的世界里，你的改变该由你掌控。如果不是你，还有谁会去做？谁能做到？

218. 每周二的人类学系会议室

1983年，奇普·康利① 改变了我的生活。

我当时在商学院上学，是班上最年轻的学生，刚开学的几个星期相当难熬。有一天，我在邮箱里发现了一张手写的小纸条，是奇普写的，我甚至还不认识他。他邀请我和其他几个有类似创业背景的学生组成一个头脑风暴小组，每周二参加小组活动。

他在人类学系预约了一间会议室，离商学院有几栋楼远。为什么要约在那里？他说，我们在这房间的唯一原因就是为了开这些会。每当想到这个房间，我们就会想到开会的过程。

接下来的9个月里，我们5个人提出了1000多项业务，并提出了发展构思。我们全心投入实践，因为并不期待结果。很快，我们就熟悉了这种奇特的思维状态，因为这就是这间会议室的作用。

如果你不想踏上这段旅程，就不要进这个房间。

奇普后来成为一名畅销书作家、教师、企业家。他的事业和

---

① 奇普·康利（Chip Conley）毕业于斯坦福大学，是美国第二大精品酒店幸福生活酒店集团创始人，著有《纽约时报》上榜畅销书《如何控制自己的情绪》（*Emotional Equations*）等多部作品。

我的事业，实际上都是从那个房间开始的。

因为我们决定从那个房间出发，走上一段旅程。

219. 探索空间

如果你想要更多牛铃①，那就听听"传奇唱片歌手"布鲁斯·迪金森② 的意见吧。在著名的《周六夜现场》短剧中，他的角色由克里斯托弗·沃肯③ 扮演，他告诉蓝牡蛎派乐队④ 正在争吵的成员们去"探索空间"。

这让很多人感到困惑。你怎么能在没有移动空间的情况下探索空间，⑤ 何必呢？

布鲁斯想说的是，如果你决定做某个工作，那就要主动去寻找它的边缘和角落。

找到一个边缘或者另一个边缘。

然后超越边缘，因为只有跨过去了，你才知道它就是边缘。

---

① 这句话来自《周六夜现场》节目一段音乐剧中的台词"我需要更多的牛铃"（I gotta have more cowbell）。这句话意思就是"我想多来点某样东西"。牛铃在 SNL 小品中是乐队使用的一种敲击乐器。
② 布鲁斯·迪金森（Bruce Dickinson）是一个重金属风格乐队的主唱，在《周六夜现场》节目中由克里斯托弗·沃肯扮演其主场，该人物出场时能产生很好的喜剧效果。
③ 克里斯托弗·沃肯（Christopher Walken）：美国演员、制作人。1951 年，沃肯进入演艺圈。1979 年，他凭借《猎鹿人》获得第 51 届奥斯卡最佳男配角奖。他参演过《猫鼠游戏》《007 之雷霆杀机》等著名电影。
④ 美国乐队蓝牡蛎派（Blue Öyster Cult）成立于 20 世纪 60 年代，乐曲大多以科幻和恐怖题材为主，风格鲜明、令人印象深刻，并在此后的几十年里深刻影响了众多欧美知名乐队。
⑤ 当时节目录制场地是一个很小的录音棚，整个乐队挤在一个小空间里，所以作者说"没有可移动的空间"。

正如行为艺术家乔治·费兰迪（George Ferrandi）所说："如果你一定要问'我应该继续吗？'，答案是'是的'。"

只有在钢索上的时刻才是真正的人生，
其余的都叫作等待。

——华伦达老爹＊①

你在钢索上吗？

（或者你只是在等待？）

＊ 或者也可能是马特·戴蒙（Matt Damon）、布赖恩·科佩尔曼（Brian Koppelman）、大卫·莱维恩（David Levien），就看你问的是谁。

① 卡尔·华伦达（Karl Wallenda）：华伦达家族是美国杂技世家，开山鼻祖就是著名的高空杂技人卡尔·华伦达。他在一次重大的表演中不幸失足身亡。他的妻子在事后说，这次表演肯定会出事，因为华伦达在上场前总是不停地对自己说，这次演出太重要了，只能成功，不能失败。而以前每次成功的表演前，他只想着走钢索的表演过程，而绝少考虑表演的结果。

创意从何而来

创意几乎不会在看电视的时候出现。

创意有时来自一次讲座。

创意经常会在读书时迸发。

好的创意来自一些坏点子，但前提是要有足够多的坏点子。

会议室是无法产出好创意的，尤其是在充满批评、人身攻击、闲言碎语的会议室。

当不同的世界观相互碰撞时，创意就会出现。

创意会努力满足人们的期望。如果人们殷切期望，它就会出现。

创意害怕老成的专家，但往往欣赏初学者的想法。能意识到这点非常好。

只要你不心怀恐惧，创意就会喷薄而出。威利·纳尔逊[①] 在一个星期内就写出了3首大热歌曲。

创意来自麻烦。

创意来自自我，而最好的创意就是慷慨、无私的创意。

创意来自自然。

---

① 威利·纳尔逊（Willie Nelson）是乡村音乐大师，是美国的音乐偶像和乡村音乐传奇人物，曾于2000年获得格莱美终身成就奖。

创意有时来自恐惧，但更多的时候来自自信。

有用的创意来自对现实的清醒认识和敏锐观察。

在我们睡着，或者麻木到感觉不到害怕时，创意会悄悄出现。

创意可能来自不经意的一瞥，或者会在洗澡时冒出来，在我们没有刻意去尝试的时候。

平庸的创意喜欢复制当下流行的事物。

而宏大的想法会超越平庸。

创意不需要护照就能经常跨越边界（各种类型的边界），也不会受惩罚。

创意不会凭空产生，它必然是从某处引发的，因为如果创意只是停留在原地而没有融入大家的思想，就无法得到展现。而被隐藏的想法没法分享给别人，不会产生影响力，也不会与市场产生交集。如此，创意便会独自消亡。

如果明天可以让一切重来,你愿意吗?

你或许能做到更好。但如果你只是随遇而安、一味逃避、因循守旧,那就不可能做到更好。

还有更多事情等着我们去做。

我们需要你的这份力量。但是如果我们不明白如何充分信任自己,那就无法成功,未来也不可能获得成功。

不灭的力量

让我们再回头看看。

现在怎么样了呢?

很久以来人们一直告诉你,你的资料不符合条件,你没有被选中,你不够好。

但是现在,你也许该知道只有你才能掌控自己的人生。事实上,每一个人都可以。

继续前进的动力在哪里?

愤怒只能让你止步,然后毁了你;嫉妒或许能让你启程,但它也会消失;贪婪似乎能让你走得更远,但你会发现它剥夺了所有快乐。

求知的欲望、慷慨的意图、各方面关系,这三者是我们前进的动力,也是艺术的三个基础部分。艺术是一种工具,让我们能够改善现状、创新创造,而我们的后代又会在此基础上继续创新。人与人之间的关系是指数级扩张的:越是创造关系,它的范围越是广,从而在本来一无所有的地方创造出文化,让一切充满可能性。

想要创造奇迹,你已经万事俱备,整装待发。

去施展你的才能吧。

在创意舞台上施展魔法,首先要知道"魔法"并不存在。

从脚下开始。

不要止步。

致谢

这本书的灵感来自你——任何对工作充满热情的人、全身心投入的人、想要改善现状的人。

我与布莱恩·科普尔曼（Brian Koppelman）在他的播客节目《这一刻》（*The Moment*）上进行了5次对话（我还仔细聆听了他的100个最佳采访），这些都对这本书的构思有着很大影响。他非常关心"魔法"是从何而来的。

马戈·阿伦（Margo Aaron）、盖布·安德森（Gabe Anderson）和埃利奥特·佩珀（Eliot Peper），感谢这3位作家帮助我完成写作、给予我朋友般的关怀和无尽的支持，他们的支持对我来说是无价之宝。我希望你有机会可以去读一读他们3人的作品。当然，我还要感谢史蒂文·普雷斯菲尔德，虽然他不愿意承认，但他是名副其实的"阻力之父"。

还要感谢帕特里夏·巴伯、西里尔·艾米（Cyrille Aimée，法国爵士乐手）、克里斯丁·麦克布莱德（Christian McBride，美国爵士乐手）、莎拉·琼斯（Sarah Jones，美国女演员）、乔迪·斯潘格勒（Jodi Spangler，作家）、苏珊·卡雷、彼得·盖布瑞尔（Peter Gabriel，英国音乐家）、罗赞·喀什、西蒙·斯涅克、威尔·吉达拉（Will Guidara，餐厅经理人）、克里斯蒂娜·托西（Christina Tosi，美国女烘焙师）、安·玛丽·希克利（Ann Marie Scichili，女企业家），还有其他许多和我交谈过的人，他们是我们的榜样，他们毫不吝啬地为后来者们打开了大门。

感谢海伦（Helene）、埃里克斯（Alex）和莫（Mo），感谢他们阅读了本书的初稿以及提供的其他帮助。尤其要感谢尼基·帕帕多普洛斯（Niki Papadopoulos，企鹅兰登书屋编辑）的创意，以及提高标准的阿德里安·扎克海姆（Adrian Zackheim，出版人）。感谢塔米·西蒙（Tami Simon，女出版人）、伊丽莎白·吉尔伯特（Liz Gilbert，女作家）、佩玛·乔丹（Pema Chödrön，美国佛教修女，冥想大师）、齐格·金克拉（Zig Ziglar，美国励志演说家）、刘易斯·海德（Lewis Hyde，评论家）、凯文·凯利（Kevin Kelly，杂志主编）、帕蒂·史密斯（Patti Smith，美国摇滚女诗人）、保尔·琼（Paul Jun，作家）、罗兹和本·赞德（Roz 和 Ben Zander，两位作家合作撰写了《可能的艺术》一书）、苏珊·皮维尔（Susan Piver，作家）、吉姆·齐奥尔科夫斯基（Jim Ziolkowski，作家）、安东尼·伊安纳里诺（Anthony Iannarino，作家、销售大师）、肖恩·阿斯基诺斯（Shawn Askinosie，企业家）、南希·勒柏琳（Nancy Lublin）、帕姆·斯利姆（Pam Slim，女作家、咨询师）、图比·卢克（Tobi Lütke，企业家）、菲奥娜·麦基恩（Fiona McKean，企业家，图比·卢克的妻子）、哈雷（Harley）和林赛·芬克尔斯坦（Lindsay Finkelstein）、利兹·杰克逊、斯科特·佩吉（Scott Page，作家）、鲍勃·多夫（Bob Dorf，创业导师）、汤姆·彼得斯（Tom Peters，企业家、作家）、萨拉·凯（Sarah Kay，企业家）、艾米·科佩尔曼（Amy Koppelman，编剧）、丹尼·迈耶（Danny Meyer，作家、餐馆老板）、妮可·沃尔特斯（Nicole Walters，企业家），以及其他许多改变了我思考方式的人，他们可能会在本书中看到自己的想法。还要感谢约翰·阿克尔（John Acker）和贝娜·卡姆拉尼（Beena Kamlani）在截稿日前发挥出的专业精神和慷慨付出，哪怕只帮我修改了一个分号，我也非常感谢。还要感谢金伯利·梅伦（Kimberly Meilun）态度亲切、条理清晰地处理我的手稿。

我很感谢我的播客团队，包括埃里克斯（Alex）、山姆（Sam）、玛丽（Marie）、泰勒（Taylor）、格雷登（Grayden）、井下（Ishita）、梅格（Meg）、扎阿（Czar）、亚伯拉罕（Avraham）、狄恩（Dean）、克莉丝汀（Kristin）、斯科特（Scott）、路易丝（Louise）、皮特（Pete）、特拉维斯（Travis）、弗朗索瓦丝（Francoise）、伊莫金（Imogen）、科林（Colin）、杰米（Jaime），以及我们团队里其他许多老师和学生。

伯纳黛特·吉娃（Bernadette Jiwa，澳洲作家）和亚历克斯·迪帕尔马（Alex DiPalma，播客节目制作人）一直是我的榜样、我的同伴，他们成就斐然，能够认识他们是我的荣幸。

感谢安妮·谢泼德（Anne Shepherd）20年来对我出版的20本书的支持以及其他一切的帮助。我很难想象如果没有你始终如一、坚持不懈的支持，我该如何走完这趟旅程。此前我从未将一本书献给你，现在能把这本书献给你是我的荣幸。

还要感谢参加"创意工坊"第一届会议的许多参与者。你们提出了超过50万个可行的创意，都是为了分享更好的作品，感谢你们。